速成 바둑레슨 3

기초 바둑 첫걸음

초보자를 위한 입문서

5段 沈 宗 植 校閱

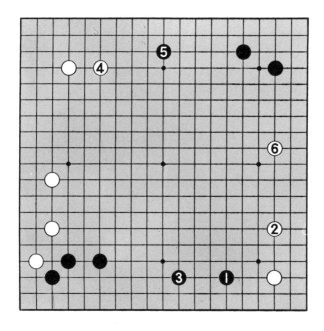

일신서적출판사

머 리 말

이 책은 이제부터 바둑을 시작하려는 분들을 위한 입문서이다. 바둑은 판과 돌만 있으면 언제 어디서나 그 누구와도 함께 즐길 수 있는 게임이다. 바둑판에는 가로와 세로로 19줄의 선이 그어 져 있을 뿐이다. 돌도 黑과 白의 2종류. 용구는 매우 간편하지 만 일단 반상으로 눈을 돌리면 대우주와 필적할 만한 무한한 공 간이 전개되고 있다. 바둑의 기원은 4천년 전 옛날의 중국에까 지 소급한다고 하는데, 아직 이 게임의 심오한 뜻을 터득한 사람 은 없다. 그만치 차원이 높고 복잡한 것이지만 이제부터 바둑에 입문하려고 하는 분들에게는 이것도 매력의 하나가 될 수 있을 것 이다.

내용이 고급이라고 하여 바둑을 익히기가 어렵다고 하는 것은 아니다. 바둑의 룰은 매우 단순하다. 그리고 이 룰만 익힌다면 바 둑은 언제라도 둘 수 있는 것이다.

본서에서는 이 기본 룰을 알기 쉽게 설명하고 있는데, 이 하나 의 룰을 익히는 것이 그대로 기술의 향상과 숙달에 직결되며 이 에 따라 바둑의 즐거움도 더할 것이다. 이 책 1권만 마스터하면 반드시 일국(一局)의 바둑을 즐길 수 있게 될 것을 약속드린다.

입문(의 단계)을 졸업하신 분에게는 계속해서 이 책의 속간인 "종합 바둑 첫걸음"을 권하는 바이다.

차례

머리말 ·· 3

서 장──기본 룰

판과 돌 / 10   반면의 명칭 / 11

게임 방법 / 12   기본 룰 / 13

게임의 흐름 / 14   착수와 그림을 보는 법 / 16

제 1 장──돌을 잡는 법

4 활로 / 18   끝선의 돌 / 19

단수와 달아나기 / 20   사선은 연결되지 않는다 / 22

큰 돌 / 24   달아날 수 없는 돌 / 25

끝선의 역할 / 28   끝선의 연결 / 32

제 2 선의 연결 / 34   축 / 36

둘 수 없는 곳 / 38   잡는 것이 우선이다 / 40

미리 알아 두어야 할 지식 ── 대국 매너 ································ 44

제 2 장──생과 사

1 눈의 돌 / 46   2 눈이면 산다 / 47

끝선의 2 눈 / 49   하나의 눈 / 50

생사의 갈림길 / 52 안전한 넓이 / 54
사는 모양 / 56 죽는 모양 / 58
살 수 없는 모양 / 61 옥집 / 62
끝선의 옥집 / 64 옥집을 만드는 수단 / 66
돌이 사는 법 / 70 돌을 잡는 법 / 74

미리 알아 두어야 할 지식 — 단과 급 ·············· 78

제3장 —— 패

패의 룰 / 80 패의 해결 / 82
패의 계속 / 83 생사와 관련된 패 / 84
패와 팻감 / 85 끝선의 패 / 88
패가 아니다 / 89 패를 거는 수단 / 90

미리 알아 두어야 할 지식 — 접바둑 ············· 92

제4장 —— 집과 눈

집이란 / 94 집을 계산하는 법 / 95
너무 작은 집 / 96 2눈이 조건 / 98
완전한 집 / 100 불완전한 집 / 102
끝선의 결함 / 104 제2선의 결함 / 106
급하지 않은 방어 / 108 너무 큰 집 / 109

미리 알아 두어야 할 지식 — 공제 ············· 110

제5장—— 끝내기와 종국

끝내기란 / 112   끝선의 끝내기 / 114

집의 증감 / 116   선수 끝내기 / 118

큰 끝내기 / 120   잡은 돌의 처리 / 122

배의 효과 / 124   공배 / 125

집이 될 때까지 / 126

종국과 승패 ·· 128

종국 / 128   공배 메우기와 손질 / 129

계가 / 130   黑 5 집승 / 131

미리 알아 두어야 할 지식 — 불계와 빅(무승부) ············ 132

제6장—— 실전의 요령

1. 효율적인 연결 ······································· 134

口자 / 134   日자 / 136

1 칸뛰기 / 138   2 칸뛰기 / 140

2. 처음에 두는 법 ····································· 142

귀에서 두는 이유는? / 142   귀의 효용 / 143

집의 골격 / 144

3. 귀 싸움 ·· 146

굳힘과 걸치기 / 146   싸움이 시작되다 / 148

정석 / 150

4. 변으로 전개 ··· 152

큰 벌리기 / 152   세력의 확장 / 154

5. 실전의 서반 ···································· 156
　　처음에는 귀에서부터 / 156　　　굳힘과 걸치기 / 157
　　변의 영유 / 158　　　　　　　　중반으로 / 159

제7장 ── 돌을 잡는다

1. 잡고 나서 연결 ································· 162
　　4점으로 잡기 / 162　　　　　　돌의 연결 / 163
　　잡으면 연결 / 165　　　　　　언제라도 잡을 수 있다 / 167
　　구조대 / 168
2. 끝선의 활용 ································· 169
　　끝선은 따분하다 / 169　　　　끝선으로 몬다 / 170
　　끝선의 공방 / 171
3. 돌을 잡는 기술 ······························ 174
　　잡을 수 있는 돌 / 174　　　　양단수 / 175
　　몰아 떨어뜨리기 / 178　　　　환격 / 180
　　기술의 선택 / 184　　　　　　장문 / 188
　　큰 장문 / 191

　　바둑의 불가사의한 변화 ── 축의 불가사의 ··············· 192

제8장 ── 연결

1. 연결과 발전 ································· 194
　　연결의 조건 / 194　　　　　　끝선의 이용 / 196
　　제3선의 2칸 / 198　　　　　　발전이란 / 202

2. 연결하는 기술 ···································· 204
　　단점 / 204　　　　　　　　구출 / 207
3. 연결의 방해 ···································· 209
　　절단 / 209　　　　　　　　분단 / 211
　　차단 / 212

　　바둑의 불가사의한 변화 ─ 연결과 절단의 맥 ············· 214

제9장 ─ 돌의 생과 사

1. 2눈으로 산다 ································· 216
　　사활의 전제 / 216　　　　　분할과 단독 / 219
　　끝선의 이용 / 220　　　　　먹여치기와 옥집 / 223
2. 넓게 산다 ···································· 227
　　넓이와 결함 / 227　　　　　4집의 궁도 / 228
　　치중 / 231　　　　　　　　5집의 궁도 / 233
3. 빅 ·· 236
　　빅의 원리 / 236　　　　　되는 모양·안 되는 모양 / 238
　　빅의 기술 / 240
4. 사석과 집 ·································· 242
　　사석 처리 / 242　　　　　　계가 / 244

　　바둑의 불가사의한 변화 ─ 큰 돌도 죽는다 ·········· 246

서장 —— 기본 룰

바둑은 한마디로 말해서 黑돌과 白돌로 서로 집을 많이 차지하려고 하는 게임이다. 요는 상대보다 많은 집을 차지하여야 하는 것이다. 목적이 간단 명료하므로 룰도 단순하다. 그러나 룰이 단순한 반면에 매우 심오한 것이다. 여기에 바둑을 두는 재미가 있는 것이다.

판과 돌

아래 그림은 바둑판의 표면을 나타낸 것이다.

반면에는 끝선을 포함하여 가로와 세로에 각각 19줄의 선이 그
어져 있다. 바둑에서는 이 선과 선의 교차점에 모든 의미가 담겨
져 있으며, 장기나 체스와는 근본적으로 다르다.

선의 교점의 수는 19×19로서 361. 黑돌이 181, 白돌이 180개
인데 돌을 다 사용하는 경우는 거의 없다.

바둑돌이 黑 白으로 갈라져 있는 것은 경기자를 서로 구별하기
위하여서이다.

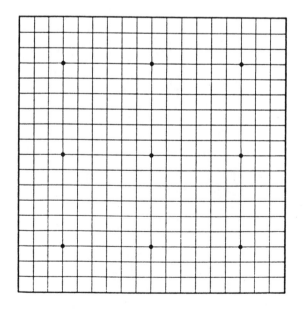

반면의 명칭

9개의 검은 점을 화점이라고 부르며 중앙의 화점을 천원(天元)이라고 한다.

 반면을 크게 나누면 아래 그림과 같이 귀(隅), 변(辺), 중앙으로 분류하여 표현하고 있지만 여기에 엄밀한 경계선이 있는 것은 아니다. 우상귀라고 하면 오른쪽 위의 귀 부분을 가리키는 것이다.
 이 밖에도 반면에는 9개의 黑점이 있다. 이것을 화점이라고 부르고 있는데 중앙의 화점은 특히 천원이라고 부른다. 화점도 다른 교점과 대체로 뜻은 같지만, 핸디캡 게임의 미리 놓는 표식이 되고 있다.
 그리고 반면의 제일 끝 모서리에 있는 선을 끝선이라고 부른다.

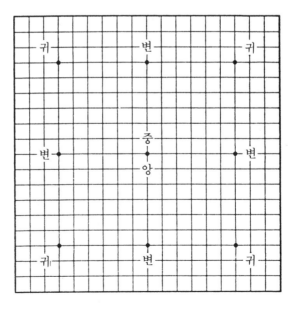

게임 방법

바둑에서는 돌을 놓는 것을 둔다고 한다.

바둑을 두기 전에 먼저 게임에 관한 기초 지식을 설명하기로 한다.

우선 돌을 두는 자리는 선과 선의 교점(交點)인 곳이다. 아래 그림은 돌을 두는 방법 가운데의 하나의 예인데, 중앙이나 끝선이나 상관없이 처음에는 선의 교점이면 어디에나 둘 수 있다. 단, 일단 둔 돌은 다른 자리에 옮길 수 없다.

다음에, 돌은 黑돌부터 먼저 두기 시작하며 한 수씩 교호로 둔다. 어떤 경우에도 한 쪽이 계속해서 두 수를 둘 수 없다.

접바둑에 관하여는 다른 규정이 있는데, 어쨌든 앞에서 말한 원칙을 익혀 주었으면 한다.

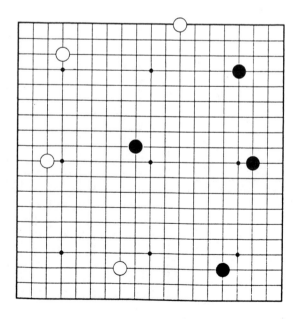

기본 룰

룰에 관한 자세한 설명은 다음 장 이후에서부터.

용구와 기본 룰을 익히고 나면 마침내 경기에 들어선 후의 룰을 알아야 한다.

룰이라고는 하지만 그렇게 많이 있는 것도 아니다. 기본적인 룰을 요약한다면 다음과 같다.

1. 적의 돌을 포위하고 잡을 수 있다.
2. 2집이 있는 돌은 잡을 수 없다.
3. 잡히지 않는 돌로 포위한 활로가 집이 된다.
4. 집을 많이 차지한 쪽이 이긴다.
5. 돌을 둘 수 없는 곳이 있다.

패는 당장에 되잡을 수 없다.

이상이 기본 룰이다.

이 5가지밖에 없지만 이 룰을 익히면 이것이 바로 바둑의 숙달과 연결된다.

또한, 문장 가운데에는 2집(2눈), 집, 패 등 귀에 익숙하지 않은 표현이 사용되고 있는데 이것은 모두 바둑의 독특한 용어이다. 이 용어도 다음 장에서 자세히 설명하기로 한다.

게임의 흐름

이미 차지한 스페이스의 대소로 바둑의 승패를 판정한다.

이것은 룰 가운데의 하나이기도 한데, 바둑은 집(스페이스)을 조금이라도 더 많이 차지한 쪽이 이기게 되므로 이를 항상 염두에 두고 두어야 한다.

그러면 1국의 흐름을 바탕으로 어떤 경과로 승패가 결정되는가 하는 것을 알아 보기로 한다.

아래 그림을 보기 바란다. 黑이 제1수를 우상귀 ▲에 두고 교대로 2점씩을 둔 상태이다. 이렇게 두기 시작하는 것을 「서반」이라고 한다. 이것은 유리한 지형의 확보를 지향하는 단계이다.

서반에서 서로의 돌이 접촉하며 싸움을 벌이다가 「중반」전으로

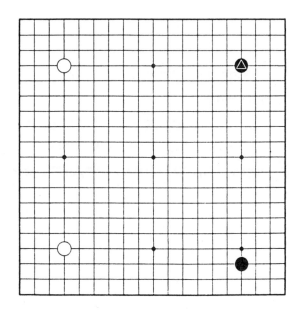

14

접어든다.

중반에서는 큰 돌을 잡기도 하는데, 바둑에 따라서는 이 시기에 빚어지는 결정적인 차이가 그대로 장래의 승패와 연결되는 경우가 있다.

쌍방이 중반전을 무사히 끝내고 진형(陣形)을 정리하는 단계가 되면 바둑은 「종반」이다. 큰 돌을 잡으려고 하는 싸움은 없지만 근소한 차이의 게임에서는 방심은 금물이다.

종반의 정리가 끝나고 서로의 진형이 확정되면 「종국」이 되고 1국의 바둑이 끝난다.

아래 그림이 바로 종국의 장면인데 다음에는 서로가 차지한 스페이스를 서로 비교하고 넓은 쪽이 이기게 된다.

이 종국 후의 승패를 확인하는 방법은 제 5 장에서 설명하기로 한다.

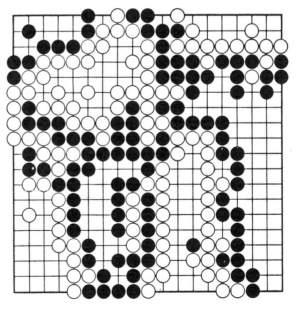

착수와
그림을 보는 법

바둑돌에 숫자가 적혀 있
는 것은 아니다.

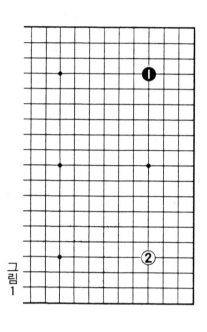

그림
1

본서의 설명에서는 편의상
오른쪽 그림과 같이 필요한 부
분의 반면만을 갈라서 사용하
는 경우가 있다. 그림 안의 숫
자는 착수의 차례를 나타내고
있다.

　그림 1　黑이 제 1 수를 ❶
에 두고 다음에 白이 ②에 둔
것인데, ❶을 黑1, ②를 白
2 로 표현한다. 다시 착수가
계속되고 있을 때에는 **그림 2**
의 경우와 같이 이미 둔 돌은
▲, △로 간략화하고 있다. 또
한, 실제로 두지 않고 있는 가
정의 점은 a, b로 표시한다.

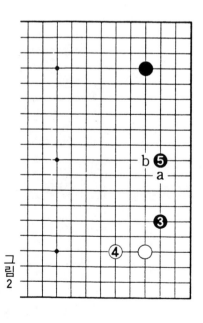

그림
2

16

제 1 장 —— 돌을 잡는 법

바둑이라고 하는 게임의 궁극적인 목적은 되도록 집을 많이 차지하는 것이다. 그러므로 여기서 피할 수 없는 것이 서로가 서로의 돌을 잡아야 하는 것이다.

우선 처음에 어떤 모양이 되면 돌을 잡을 수 있는지 알아 보자.

4 활로

활로를 모두 막으면 돌을
잡을 수 있다.

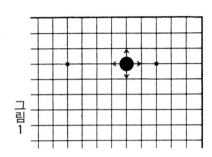

그림 1

그림 1 중앙에 놓여 있는
1점의 돌은 서로 인접하고
있는 세로, 가로의 방향으로
화살표가 가르치는대로 4활로
를 가지고 있다. 이 돌을 잡으
려면 이 활로를 모두 막으면
된다.

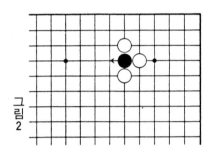

그림 2

그림 2 白돌이 세 곳의 활
로를 막았다. 黑돌의 활로는
화살표가 가르치는대로 하나
뿐이다.

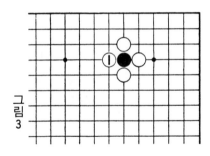

그림 3

그림 3 다시 白1을 나머
지 활로에 두면 黑돌을 잡을
수 있다.

그림 4 黑돌을 반상에서 따
내면 이와같이 白돌만의 모양
이 된다.

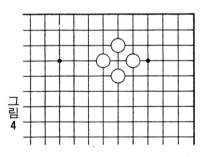

그림 4

18

끝선의 돌

끝선의 돌은 중앙보다 활
로가 적다.

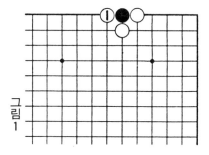

그림 1   끝선은   단애절벽
(斷崖絶壁)과도 같은 곳이다.
그러므로 쉽게 잡을 수 있다.
白1로 활로를 막으면   된다.

그림 2 역시 중앙에서와 마
찬가지로 黑돌을 따낸다.

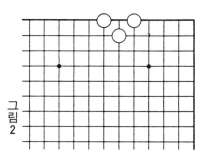

그림 3   특수한 경우이지만
귀의 돌의 활로는 더욱 적어
진다.
白1로 잡을 수 있으므로
중앙에서의 반인 2 곳밖에 없
다.

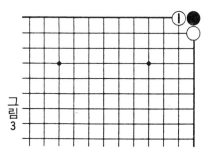

단수와 달아나기

돌을 잡기 일보 전의 상
태를 단수라고 한다.

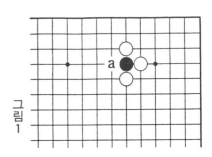

그림 1

　그림 1　白이　3면을 포위
하고 있는데 이 때에 白a를
두면 黑돌을 잡을 수 있다. 이
모양을 黑돌이 단수에 걸렸다
고 한다.

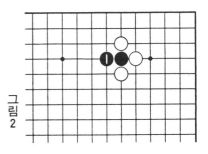

그림 2

　그림 2　黑이 잡히지 않으
려면 黑1을 두면 된다.

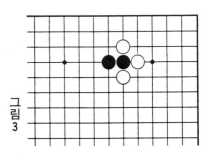

그림 3

　그림 3　이것으로 黑의 2돌
이 연결되었다. 黑돌이 따로
따로 잡히는 경우는 없다.

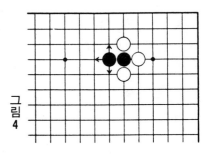

그림 4

　그림 4　즉, 黑 2점의 활로
는 화살 표시가 가르치는대로
세 곳으로 증가한 것이다.

그림 5　단, 비록 돌은 서로 연결되었다고는 하지만 항상 안심할 수 없다.

앞 그림의 모양에 白⊘ 2점이 가하여 지면 黑은 다시 단수에 걸린 모양.

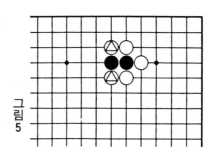

그림
5

그림 6　黑이 이 단수에서 벗어나려면 黑1을 두지 않으면 안 된다.

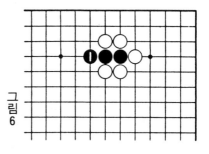

그림
6

그림 7　黑이 단수에 걸린 상태를 그대로 방치하고 있으면 白1을 두고 잡는다.

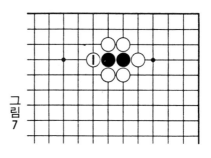

그림
7

그림 8　앞의 그림에서 黑돌이 잡힌 다음에는 이런 모양이 된다.

1점이나 2점이나 활로가 막히면 모두 잡힌다.

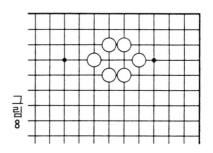

그림
8

사선은
연결되지 않는다

돌의 연결은 가로이건 세
로이건 직선에 한한다.

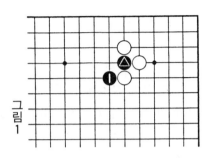

그림 1

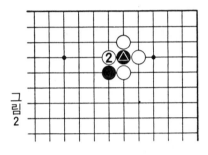

그림 2

그림 1   黑 ▲이 단수에 걸
려 있다. 黑1로 사선으로 두
었지만 완전히 달아났다고 볼
수 없다. ▲과 黑1의 2점이
서로 연결되지 않고 있는 것
이다.

그림 2   계속해서 白이 2
를 두면 ▲의 黑돌이 잡힌다.

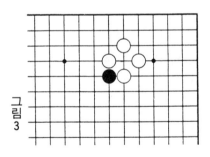

그림 3

그림 3   잡힌 다음의 모양
을 확인하기 바란다.

그림 4   그러면 이黑의 2
점을 연결하려면 어떻게 두는
것이 좋은가?

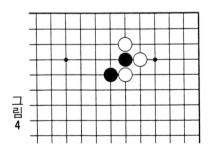

그림 4

22

그림 5 黑1을 두면 된다.

● 2점은 黑1로 연결. 이
제는 도저히 절단할 수 없는
모양이 되었다.

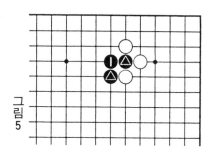

그림 6 黑1을 두면 어떻
게 될 것인가?

약간 복잡한 모양이지만 白
△을 단수로 잡으려고 하는
것이다.

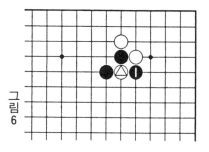

그림 7 그러나 黑의 의도
대로 잘 되지 않는다.

●이 단수에 걸려 있으므로
먼저 白2로 잡힌다.

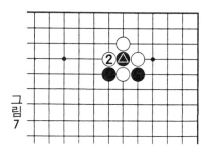

그림 8 잡힌 다음에는 黑
은 분산된 모양.

사선으로 둔 돌은 상대의
돌이 방해를 하고 있는 상태
에서는 서로 연결할 수 없다.

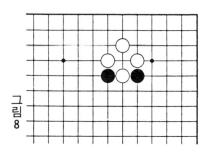

큰 돌

큰 돌도 잡을 수 있다.

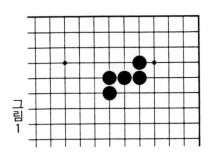

그림 1

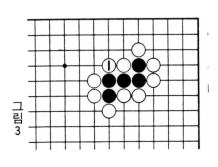

그림 2

그림 1 黑 5점은 서로가 연결되어 큰 돌이 되고 있다. 큰 돌이라고 하여 잡히지 않는다는 보장은 없다.

그림 2 白이 활로를 계속 포위하고 나가다가 남은 자리는 a의 한 곳. 단수의 상태이다.

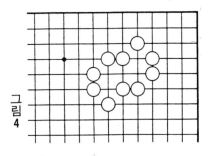

그림 3

그림 3 다시 白1을 두면 활로가 모두 막힌다.

그림 4 결과적으로 黑돌이 모두 잡히게 된다.

달아날 수 없는 돌

활로가 있다고 하여 항
상 달아날 수 있다는 보
장은 없다.

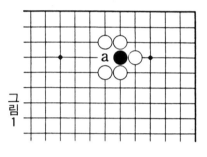

그림 1 黑돌이 단수에 걸
려 있는 모양이다. 활로는 a의
한 곳뿐이다. 이 때에 白은 급
히 a에 두어 黑돌을 잡을 필
요가 없다.

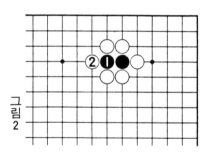

그림 2 黑이 1을 두어 달
아나려고 하지만 白2로 잡을
수 있다.

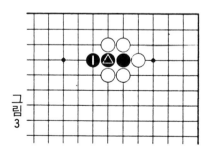

그림 3 물론 黑이 ▲에 두
었을 때에 白이 방치하면 黑
1로 달아난다. 그러나 바둑은
1수씩 두는 게임. 그림 2의
경우와 같이 상대가 달아나기
바로 일보 직전에 잡으면 되
는 것이다.

25

그림 4 黑돌의 수가 늘었지만 활로는 역시 한 곳. 앞 페이지 그림 1 의 모양과 조건이 같으므로 이 돌은 이미 달아날 수 없다.

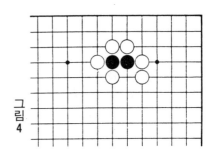

그림 4

그림 5 黑이 1 로 달아나려고 할 때에 白2로 잡을 수 있다. 黑은 1 을 두지만 헛수이다.

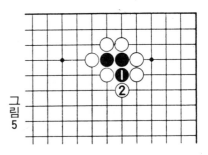

그림 5

그림 6 바깥쪽에 黑▲을 두었다. 그래도 黑은 역시 달아날 수 없다.

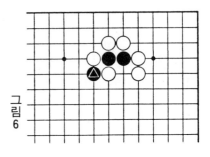

그림 6

그림 7 黑1을 두면 白◎이 단수이다.

그러나 침착한 자세로 자세히 살펴보기 바란다. 黑은 3점이 모두 단수. 먼저 白2로 잡힌다.

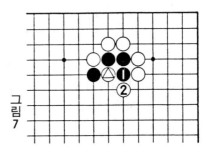

그림 7

그림 8　다시 바깥쪽에 ▲
을 두었다. 이렇게 되면 白은
방심할 수 없다.

그림 9　白은 1을 두고 黑
돌을 잡지 않으면 안 된다.

　비록 달아날 수 없는 돌이
라고 할지라도 바깥쪽의 모양
에 따라서는 안심할 수 없는
것이다.

그림10　白이 그림8을　그
대로 방치하고 있으면 黑1에
게 △이 오히려 잡히게 된다.

그림11　白돌을 잡은 다음
에는 이런 모양. 黑은 이제 잡
히지 않는다.

　상대의 돌을 잡는 것에 의하
여 아군의 돌을 서로 연결할
수 있다.

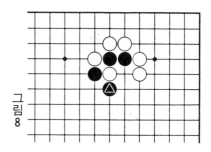

그림 8

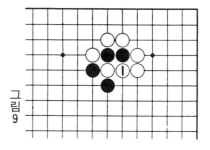

그림 9

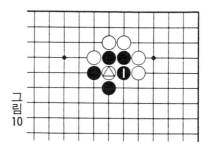

그림 10

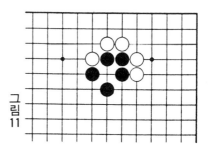

그림 11

끝선의 역할

끝선은 돌을 잡을 때에는 강력한 우군이 된다.

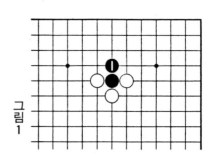

그림 1

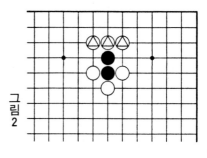

그림 2

그림 1 중앙의 돌은 3면을 포위당하고 있지만 黑1을 두면 달아날 수 있다.

그림 2 그러나 전방에 ◬의 白돌이 잔뜩 대기하고 있으면 어떻게 되는가?

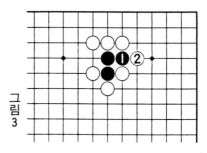

그림 3

그림 3 黑1이라면 白2로 단수. 이 黑돌은 달아날 수 없다.

그림 4 모양을 움직여 끝선에 접근하여 보았다.
이 黑돌은 과연 달아날 수 있는가?

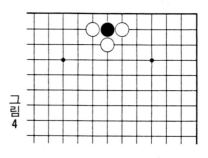

그림 4

28

그림 5 답은 노우이다. 달 아날 수 없다.

黑1로 달아나도 끝선에서 막힌다. 판의 바깥쪽에 상대의 돌이 놓여 있다고 생각하면 알기 쉽다. 즉, 그림2와 같은 상황이다.

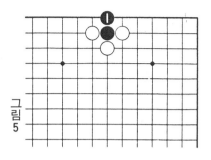

그림
5

그림 6 다시 黑1로 달아나도 白2로 단수.

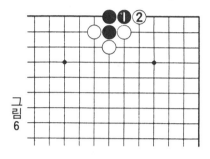

그림
6

그림 7 한쪽을 黑3으로 나가도 白4로 잡힌다.

그림 8 중앙에서와 마찬가지로 활로가 모두 막힌 돌은 잡을 수 있다.

그리고 끝선에서는 돌을 잡는 수가 더욱 간편하다.

끝선의 돌을 잡는 법을 좀 더 설명하기로 한다.

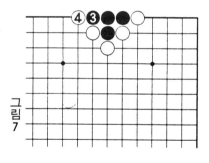

그림
7

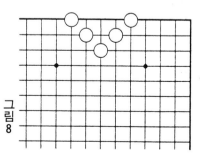

그림
8

그림 9 끝선의 귀에서는 좀
더 쉽게 돌을 잡을 수 있다.

귀의 黑돌은 이미 더 이상
나갈 수 없는 상태. 달아날 수
없는 돌이다.

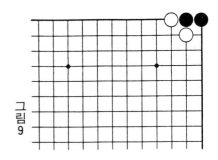

그림10 黑 1 로 두어도 白
2 로 잡힌다.

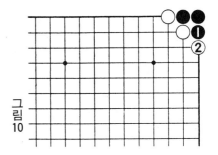

그림11 귀에서는 두 방향
의 수를 생략할 수 있다. 3점
을 잡는데 있어서 白도 3점
이면 되는 것이다.

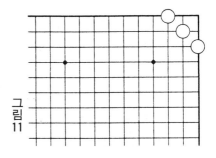

그림12 물론 끝선은 白에
만 유리한 것이 아니다. 찬스
는 평등이다.

이번에는 黑 1 로 白돌이 잡
히는 경우.

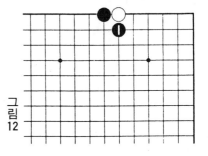

그림13 白은 1로 달아나 지만 黑2를 두면 다시 단수 이다.

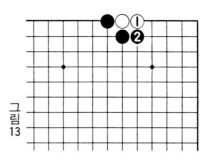

그림 13

그림14 돌이 많이 놓여져 있지만 어려운 것이 아니다. 白3으로 달아나면黑4로 단수. 이와같이 계속 추격을 하면 그림9와 같은 모양이 된다.

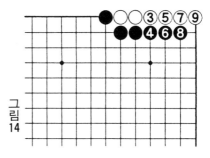

그림 14

그림15 여기서 응용 문제를 한가지. 白△을 잡으려면 黑은 어떻게 두는 것이 좋은가 ?

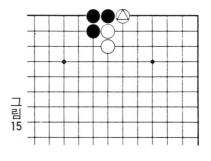

그림 15

그림16 黑1로 단수를 거는 것이 정해. 白2에는 黑3 으로서, 결국은 그림14의 모양으로 白돌이 잡힌다.

이와 같이 끝선을 어떻게 유리하게 활용하느냐 하는 것이 바둑에서는 중요한 문제가 된다.

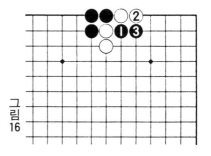

그림 16

끝선의 연결

돌을 연결할 때에도 끝
선을 이용할 수 있다.

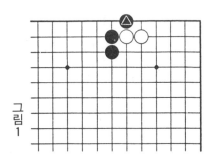

그림
1

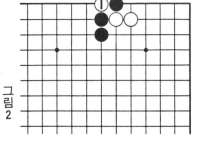

그림
2

그림 1 ▲의 黑돌은 사선
모양이므로 완전히 연결되고
있는 것이 아니다. 그러나 끝
선에서는 이 상태로도 불안하
지 않다.

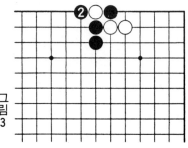

그림
3

그림 2 白1을 두어도 조
금도 곤란하지 않다. 黑돌도
단수이지만 白1도 단수 모양.

그림 3 黑이 먼저 2에 두
면 白돌을 잡을 수 있다.

그림 4 끝선에서는 이 모
양에서도 돌을 따낼 수 있다
는 것을 알았을 것이다.

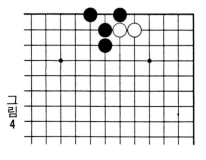

그림
4

그림 5　白◎을 두었다.
이번에는 약간 조건이 달라
黑도 그대로 방치할 수 없다.
끝선의 黑돌이 단수 상태가
되고 있다.

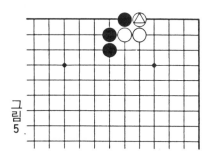

그림 6　단수에 걸린 黑돌
이 黑1로 달아난다. 이것으
로 黑 4점이 완전히 연결되
었다.

그림 7　黑이 그대로 방치
하고 있으면 白1로 잡힌다.

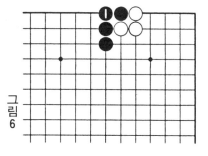

그림 8　이 모양을 앞 페이
지의 그림4와 비교하여 보기
바란다.
끝선은 돌을 잡는 쪽에 유
리하게 작용한다. 조건은 黑
白이 모두 같다.

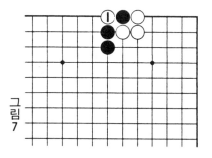

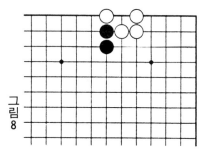

제2선의 연결

끝선을 제1선, 그리고 바로 그 앞의 선을 제2선이라고 부른다.

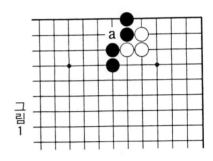

그림 1 끝선은 약간 떨어진 곳에서도 이용할 수 있다. 黑은 제2선 a에 약점이 있지만 이 상태로는 불안하지 않다.

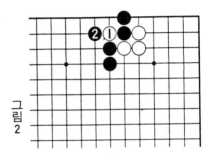

그림 2 白1로 직접 약점을 찌르면 黑2로 白을 단수에 걸 수 있다. 계속해서——

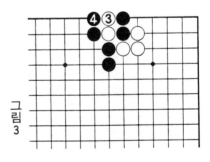

그림 3 白3으로 달아나도 끝선에서는 黑4로 白을 잡을 수 있는 것이다.

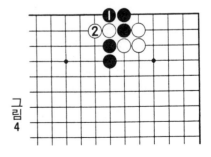

그림 4 黑1을 두면 안 된다. 白2로 黑돌은 달아날 수 없다. 끝선은 반대로 白에 유리하다.

그림 5 같은 모양이지만 바깥쪽의 ◎이 막혔을 때에는 사정이 달라진다.

黑은 1 로 견실하게 연결하지 않으면 안 된다.

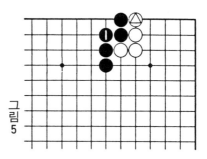

그림
5

그림 6 단, 黑1 로 대용할 수 있다. 약간 고급 모양이지만 끝선이라면 이 상태만이라도 족하다.

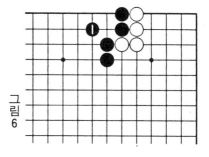

그림
6

그림 7 앞의 그림 다음에 白1 로 단수하면 黑2 로 즉시 잡을 수 있다.

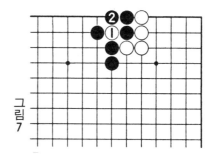

그림
7

그림 8 ◎으로 막힌 모양을 그대로 방치하면 안 된다.

白1 로 단수. 끝선의 黑돌은 순식간에 활로를 잃어 버린다.

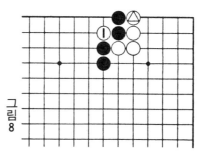

그림
8

35

축

계속 단수로 몰며 돌을
잡는 수단이 축.

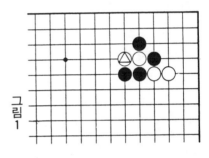

그림 1 돌을 재치있게 잡
을 수 있는 기술 한가지를 소
개하려고 한다.

白이 ◬로 달아난 국면이
다. 黑이 어떻게 두면 이 돌
을 잡을 수 있을 것인가?

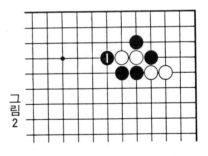

그림 2 黑1로 白돌의 머
리를 누르는 것처럼 두는 것
이 좋은 수단.

白돌은 즉시 단수에 걸린다.

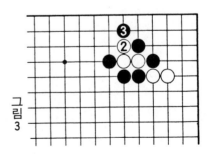

그림 3 어쨌든 白은 2로
탈출을 시도하지만 黑3으로
역시 단수.

그림 4 계속해서 白은 4 로 달아나지만 같은 요령으로 黑5로 역시 단수.

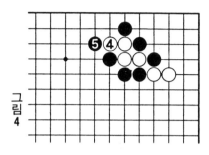

그림 4

그림 5 白6에 黑7. 白8 에는 黑9로 여전히 단수가 계속된다.

이만하면 축의 요령을 알 수 있을 것이다.

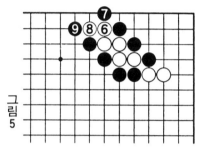

그림 5

그림 6 白10이 끝선에서 막혔으므로 黑11로 모조리 따 낼 수 있다.

이와같이 층계와 같은 모양 으로 상대의 돌을 몰며 이를 잡는 수단을 축이라고 한다.

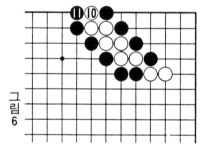

그림 6

그림 7 黑1의 단수는 실 패. 白2로 달아나면 잡을 수 없다.

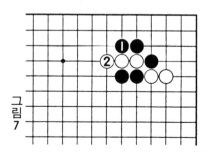

그림 7

둘 수 없는 곳

돌을 따낸 자리에 돌을
둘 수 없다.

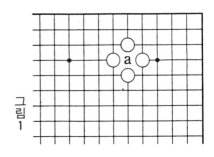

그림
1

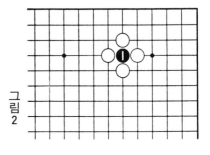

그림
2

그림 1 바둑에는 착수 금
지라고 하는 룰이 있다. 즉,
두면 안 되는 곳이다. 黑의
입장에서 말한다면 a가 이에
해당된다.

그림 2 黑1로 둘 수 없다.
비록 두었다고 하더라도

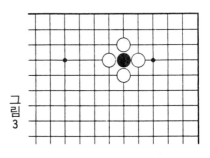

그림
3

그림 3 黑돌의 활로를 모
두 막고 당장 잡을 수 있는 모
양이 되고 있다.

그림 4 단, 白1부터 두는
것은 자유이다. 돌이 잡히는
모양이 되면 안 된다.

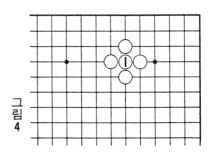

그림
4

38

그림 5 그러나 바깥쪽의 활로를 黑에게 모두 포위당한 모양에서는 白1을 둘 수 없다. 白돌이 한꺼번에 잡히는 모양이 되고 있다.

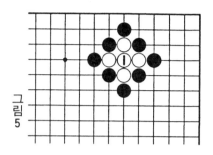

그림 6 黑은 ▲을 둘 수 있다. 그러나 그리고 나서 다시 黑 a를 둘 수 없다.

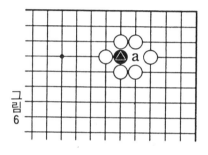

그림 7 이 모양도 활로가 모두 막히게 되므로 黑 a를 둘 수 없다.

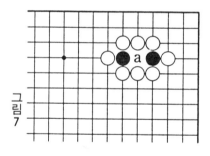

그림 8 끝선에도 둘 수 없는 곳이 있다. 각각 黑 a를 둘 수 없다.

룰에서는 이런 둘 수 없는 곳에 둔 경우에는 패한다고 결정되어 있다. 주의하기 바란다.

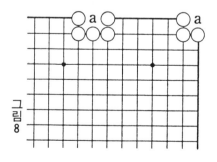

잡는 것이 우선이다

착수 금지점이라고 하더
라도 상대의 돌을 잡는
경우에는 둘 수 있다.

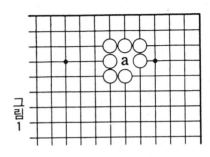

그림 1

그림 1 직접 黑a를 둘 수
없다. 착수 금지점이다. 그러
나 조건에 따라서 둘 수 있는
경우가 있다.

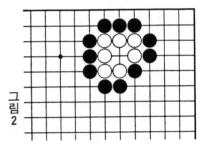

그림 2 그 조건이란 바깥
쪽의 활로를 黑이 모두 막았
을 때 白돌이 단수 상태이다.

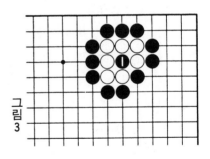

그림 3 왜냐하면 黑1을 두
면 그 순간에 白돌을 모두 따
낼 수 있기 때문이다.

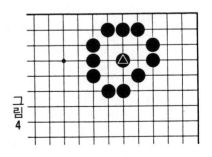

그림 4 白돌을 잡은 다음
의 모양. 黑▲은 활로가 없
는 돌이 아니다.

40

그림 5   이 모양도 이 상태로는 黑 a 를 둘 수 없다.

黑 a 를 두려면 조건이 필요하다.

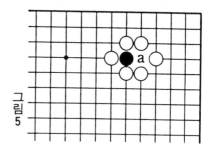

그림
5

그림 6   白돌의 모양에 변함은 없지만 바깥쪽에 黑돌을 두었다.

白◎이 단수가 되어 있다.

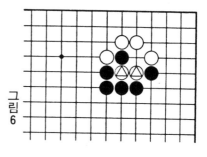

그림
6

그림 7   黑 1 을 둘 수 있는 조건이 갖추어졌다.

즉, 두는 순간에 白돌을 따내면 되는 것이다.

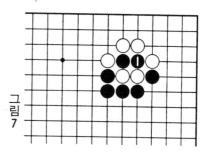

그림
7

그림 8   白돌을 따낸 모양이다.

이와같이 부분적으로 상대의 돌을 잡을 수 있는 경우에도 상관없다.

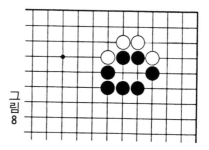

그림
8

그림 9 　실전에 임하여서는 여러 가지 모양이 나타나므로 미리 눈에 익혀 두는 것이 중요하다.

약간 복잡한 것 같은 모양이지만 黑 a를 둘 수 없다.

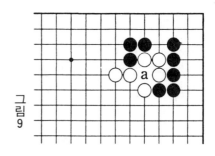

그림 9

그림10 그러나 바깥쪽에 ▲을 둔 다음이라면 黑1을 둘 수 있다.

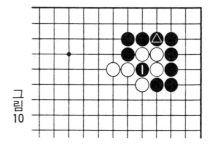

그림 10

그림11 　白돌은 사선으로, 연결되어 있는 것이 아니므로 한꺼번에 잡을 수 있다.

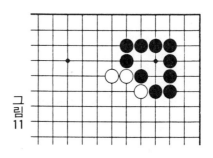

그림 11

그림12 이번에는 끝선의 경우를 알아 보기로 한다.

a는 역시 착수 금지점. 黑 a로 들어가면 안 된다.

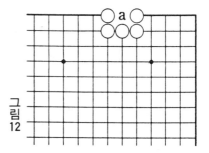

그림 12

42

그림13 그러나 바깥쪽을 모두 포위한 다음에는 사정이 다르다.

이 경우에 黑은 a나 b를 둘 필요가 없다.

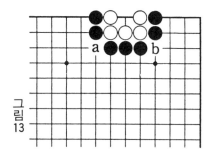

그림13

그림14 黑1을 두므로써 白돌을 모조리 따낼 수 있다.

그림15 귀에서도 마찬가지이다.

역시 黑a는 둘 수 없지만

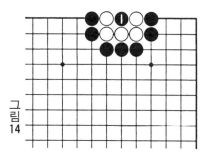

그림14

그림16 바깥쪽을 포위한 모양이라면 黑1을 두고 白을 잡을 수 있다.

착수 금지점이라고 하더라도 돌을 잡는 행위가 이에 우선한다는 것을 미리 알아 두기 바란다.

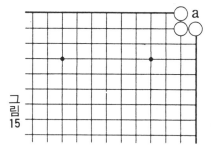

그림15

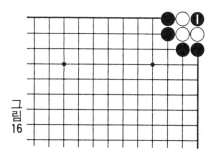

그림16

대국(対局) 매너

바둑을 두는데 있어서 특별한 예법은 없지만, 둘이서 행하는 게임이므로 룰 이전에 최소한의 예의는 지키지 않으면 안 된다.

우선 해서는 안 되는 것은 첫째, 일단 반상에 둔 돌을 다른 곳에 옮길 수 없다는 것이다. 일단 두고 난 다음에는 당장에 좋은 수단을 깨달았다고 하더라도 이미 때는 늦은 것이다. 먼저 착수점을 결정하고 나서 돌을 두어야 하는 것이다.

다음에 상대의 사고(思考)를 방해하는 행위도 삼가하지 않으면 안 된다. 바둑은 정신의 집중과 상상력의 게임이다. 반외(盤外)의 언동으로 상대의 미스를 유발하여 비록 바둑에는 이겼다고 하더라도 이것이 기술 향상과 연결될 수 없다는 것을 알지 않으면 안 된다.

또한, 대국자가 아닌 관전하는 입장이 되었다고 하더라도 결코 조언(훈수)을 하지 않는다는 것도 매너 가운데의 하나이다. 승패를 겨루는 싸움이라고 하지만 결국은 서로가 즐기기 위한 게임으로 대국자나 관전자가 피차 불쾌감을 사지 않도록 한다.

제 2 장 —— 생과 사

상대가 잡을 수 없는 모양
이 된 돌이 그대로 살아 있다.
돌이 살기 위하여는 착수금
지점, 즉 2눈을 만들면 된다.
반대로 2눈이 없는 돌은 죽
는다. 눈은 돌의 생사와 밀접
하게 결부되어 있다.

1 눈의 돌

돌의 생사는 눈의 유무
에 따라서 판단할 수 있
다.

그림 1 a는 白의 착수 금
지점. 이곳에 둘수 없는 한
黑은 절대로 잡히지 않는다.
돌의 생사가 문제가 될 때에
이런 곳을 특히 집(눈)이라는
말로 표현한다.

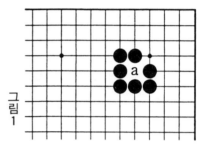

그림 1

그림 2 그러나 1집뿐이라
면 白이 포위하였을 때에 당
장에 잡힌다.

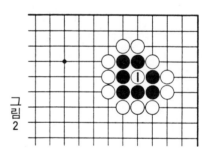

그림 2

그림 3 黑돌은 반상에서
생존할 수 없다
1눈의 돌, 즉 집이 하나뿐
이라면 상대에게 포위되었을
때에 아무런 도움이 되지 않
는다.

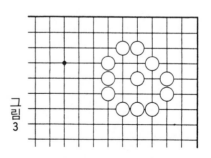

그림 3

2눈이면 산다

2눈이 있는 돌은 살 수 있다.

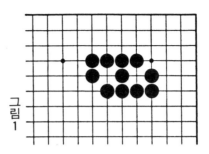

그림
1

그림 1　앞 페이지의 모양보나도 黑돌이 거지고 눈이 하나 늘었다. 이것으로 이 돌도 살 수 있다.

그림 2　이미 白이 바깥쪽에서 포위하였다고 하더라도 절대로 잡히지 않는다.

그림 3　白1은 착수 금지점.

그림 4　또한 白1도 둘 수 없다.

이와같이 2눈이 있으면 상대가 공격할 수 없다. 이것이 「사는 것」의 기본 원리이다.

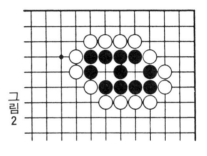

그림
2

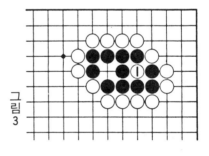

그림
3

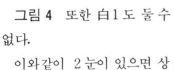

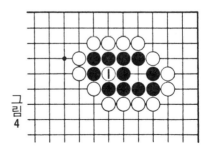

그림
4

그림 5 2눈의 돌은 절대로 잡을 수 없지만 여기서 黑1을 두면 사정이 달라진다.

黑은 순식간에 1눈.「산다」는 것의 반대인 「죽엄」이 된다.

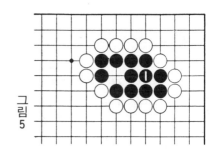

그림 6 白은 언제라도 1로 잡을 수 있다.

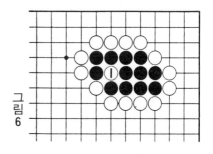

그림 7 가로 세로뿐만 아니라 사선 모양으로 2집을 만들 수도 있다.

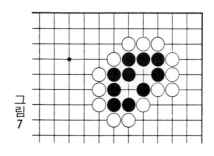

그림 8 이것도 역시 2눈으로 살고 있는 모양.

어떤 모양도 黑돌 1점이 빠지면 안 된다. 중앙에서 완전한 2눈을 만들기 위하여는 최소 10점의 돌이 필요하다.

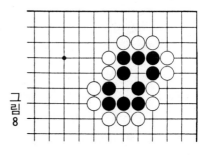

48

끝선의 2눈

중앙보다는 끝선에서 2
눈을 만들기가 쉽다.

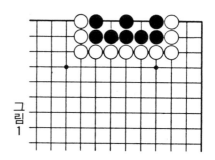

그림 1 끝선에서의 2눈의
기본형이다. 판의 바깥쪽에서
부터 포위할 필요가 없으므로
중앙보다 돌을 적게 둔다.

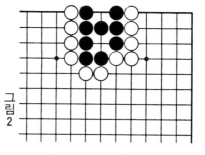

그림 2 중앙과 끝선의 집
을 합해서 만드는 것도 가능
하다.

그림 3 귀에서는 돌을 적
게 두어도 되므로 더욱 경제
적이다. 이 모양으로도 완전
한 2눈으로 살 수 있다.

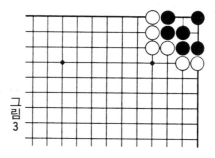

그림 4 이것도 귀에서 살
수 있는 기본이다.
귀에서는 돌 6점이면 살 수
있다.

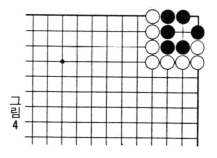

하나의 눈

연결되어 있는 2활로를
둘러싸도 눈은 하나밖에
없다.

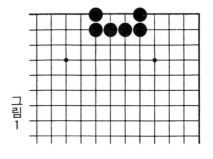

그림 1 黑은 끝선에서 2
활로를 둘러싸고 있다. 이 모
양으로 2눈을 만들었다고 착
각할 수도 있는데, 돌의 생사
에 관련된 면에서는 1눈밖에
없는 것이다.

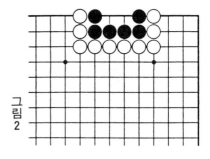

그림 2 黑돌을 잡으므로서
이를 증명하여 보기로 한다.
白돌로 바깥쪽의 활로를 포위
한다.

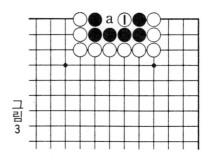

그림 3 白은 1을 둘 수 있
다. 동시에 전체의 黑돌은 단
수. 다음에 白 a 로 잡는다.

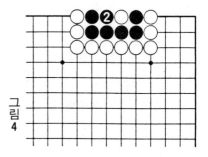

그림 4 계속해서 黑2를 두
면 白돌은 잡히지만 黑은 살
수 없다.

그림 5   앞의 그림 다음에는 이 모양. 눈은 a 하나뿐이고 黑돌이 모두 단수에 걸린 상태이다.

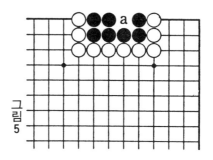

그림 6   앞의 그림에서 白 a를 두어 黑돌을 모두 따낸 모양이다.

실제로 白은 그림 3 이후를 둘 필요가 없으며, 그림 2 의 모양 그대로 黑돌은 전멸한다.

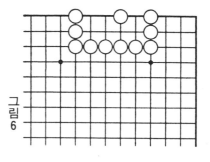

그림 7   모양이나 장소가 바뀌어도 하등 관계가 없다.

중앙을 향하여 2 활로를 둘러싸고 있어도 마찬가지이다.

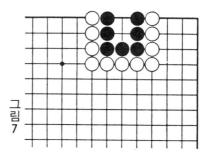

그림 8   중앙의 경우도 마찬가지. 역시 이대로 黑이 죽은 모양이다.

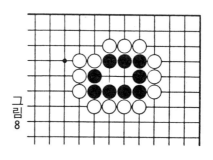

생사의 갈림길

어느쪽이 먼저 두느냐 하는 것이 생사의 갈림길이 된다.

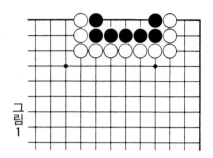

그림 1

그림 1 黑이 둘러싼 활로가 셋이 되었다. 이 黑돌은 죽을 것인가? 아니면 살 것인가?

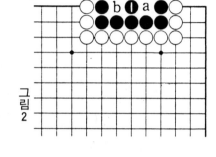

그림 2

그림 2 黑이 1을 두면 살수 있다. 黑1이 a와 b로 집을 나누어 2눈을 만들고 있다.

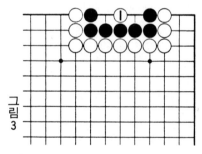

그림 3

그림 3 그렇지만 白1을 먼저 두는 경우에는 어떻게 되는가?

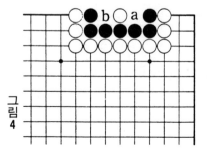

그림 4

그림 4 이 모양은 黑이 죽어 있는 상태이다. 黑이 a나 b에 두면 자기 돌이 단수에 걸리기 때문에 결국 白에 잡힌다. 따라서 黑은 속수무책이다.

그림 5 반대로 黑이 그대로 방치한다고 하더라도 白1을 두며 잡을 수 있다. 黑돌은 단수이다.

　黑2로 白돌을 잡을 수 있지만 ——

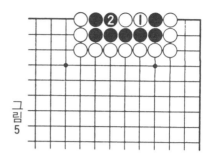

그림 6 잡은 다음에는 이 모양이 된다. 50페이지의 그림 2 의 모양과 똑같다. 결국 1 눈밖에 없으므로 黑은 죽을 것이다.

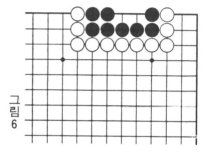

그림 7 결국 이 黑돌은 黑이 먼저 두면 살 수 있지만 반대로 白이 선수를 두면 죽는다. 어느쪽이 먼저 a 에 두는가에 따라서 생사가 갈린다고 하는 미묘한 입장인 것이다.

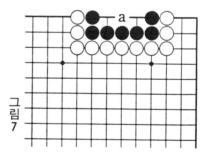

그림 8 장소는 다르지만 활로는 세 곳. 역시 어느쪽이 a 에 두느냐에 따라서 黑의 생사가 갈린다.

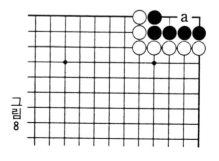

안전한 넓이

직선상에서 4활로를 둘러
싸면 언제라도 2눈을 만
들 수 있다.

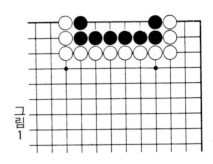

그림 1 둘러싼 활로가 넷
으로 확대되었다. 이쯤되면 黑
은 이미 안정. 이 모양으로 그
대로 살고 있다.

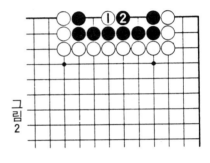

그림 2 白이 1을 두면 黑
2로 응수하고 2눈을 확보할
수 있다.

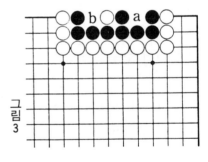

그림 3 이 모양에서는 a
나 b가 모두 白의 착수 금지
점. 완전한 2눈을 만들어 살
고 있다.

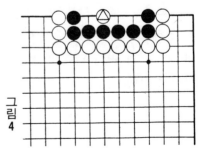

그림 4 단, 白이 △에 두
었을 때에 黑은 손을 빼고 그
대로 방치하면 안 된다.

그림 5 앞의 그림에 이어 다시 白1을 두면 黑은 살 수 없다.

黑은 속수무책이므로 이 모양으로 黑은 죽는다. 이하가 이를 증명한다.

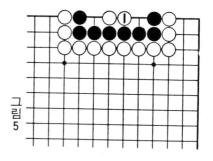

그림 6 白은 언제라도 1을 두고 잡을 수 있다. 黑2로 잡을 수밖에 없다.

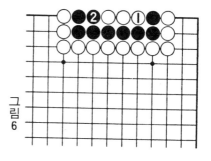

그림 7 앞의 그림 다음에 는 이렇게 된다. 이 모양이 어떻게 될 것인가 하는 것은 이미 알고 있을 것이다.

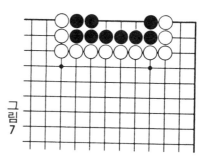

그림 8 이번에는 白이 둘 차례이므로 白3을 두면 黑의 죽엄이 뚜렷하여진다. 그래도 알 수 없는 사람은 다시 한번 52페이지를 보기 바란다.

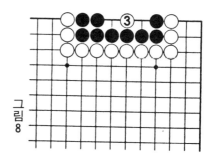

사는 모양

상대가 먼저 두어도 2눈을 만들 수 있는 돌은 그대로 살아 있다.

그림 1 모양은 귀로 옮겼지만 조건은 앞 페이지의 黑과 똑같다.

黑은 이 모양으로 살아 있다.

그림 2 白이 1을 두면 黑 2로 2눈.

요컨대 白이 계속해서 두지 않으면 안전한 것이다.

그림 3 그러므로 일부러 黑 1 등을 두고 완전한 2눈 모양을 만들 필요가 없다. 白이 먼저 두어도 앞 그림의 모양이 약속되고 있는 것이다.

이 밖에 역시 2눈이 약속되고 있는 모양을 소개하기로 한다.

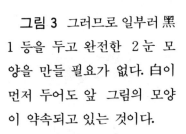

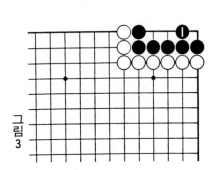

그림 4 열쇠 모양으로 둘
러싼 4활로. 白이 a b에 계
속해서 두지 않는 한 살 수
있다.

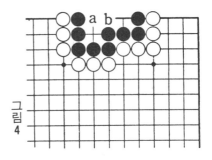

그림 5 앞 그림으로부터의
변형. 역시 黑은 a나 b의 어
느 한쪽에 두면 완전한 2눈.

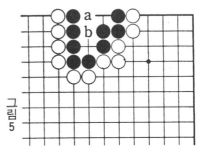

그림 6 중앙에서도 열쇠 모
양으로 둘러싸는 것은 효과적
이다.

그림 7 이것도 중앙에서 살
수 있는 한가지 예이다.

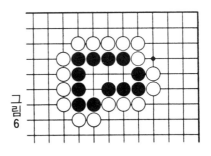

이미 깨달았을 것이다. 어
떤 모양이나 활로는 넷이다.
이 활로가 넷이라고 하는 것
이 둘러싸고 살 수 있는 최저
조건이 되고 있다.

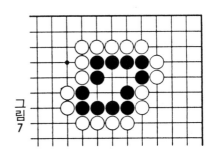

죽는 모양

3활로는 살 수 없다. 4 활로라고 하더라도 모양에 따라 죽는 경우가 있다.

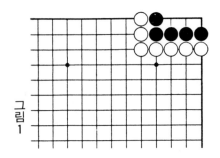

그림 1 黑이 둘러싼 활로는 셋. 앞에서도 설명하였지만 이 모양은 黑이 살아 있는 것이 아니다.

이것은 죽은 모양이다.

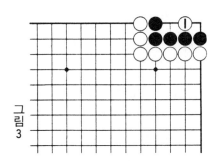

그림 2 물론 黑이 1을 두면 2눈. 살기 위하여서는 먼저 黑1을 둘 필요가 있다.

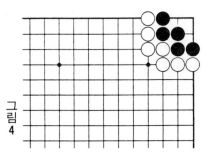

그림 3 그러나 반대로 白 1을 두면 죽는다. 즉, 그림 1은 죽은 모양이다.

그림 4 모양은 바뀌었지만 역시 활로는 셋. 이것도 죽은 모양이다.

그림 5 앞 그림의 모양은 白1을 두면 2눈을 만들 수 없다.

모양은 다르지만 그림 3 과 같은 조건인 것이다.

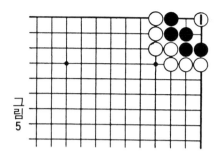

그림
5

그림 6 장소를 옮겨 보자. 白1로 黑은 역시 죽은 모양.

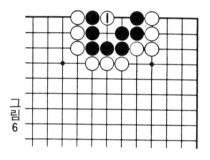

그림
6

그림 7 모양을 바꾸어도 白 1로 인하여 역시 1눈밖에 만들 수 없다.

그림 8 중앙에서도 마찬가지이다.

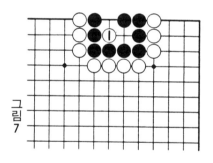

그림
7

연속되고 있는 3활로는 어떻게 둘러싸든 그대로 살 수 없다.

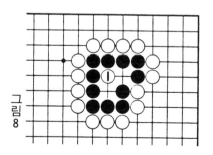

그림
8

59

또 한가지 죽는 모양을 소
개하기로 한다.

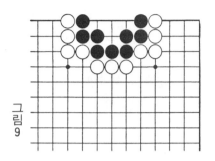

그림 9

그림 9 둘러싼 활로가 하
나 더 증가하였다. 그러나 이
것도 죽는 모양. 네 곳을 둘
러싸도 살 수 없다는 예외적
인 경우의 하나이다.

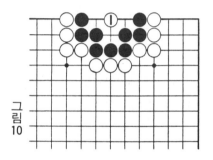

그림 10

그림10 白1을 두면 죽는
다. 黑은 도저히 2눈을 만들
수 없다.

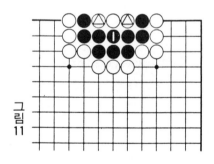

그림 11

그림11 반대로, 白은 앞그
림에 이어 ⬡에 두고 잡을 수
있다. 양쪽이 모두 단수인데
黑1로 잡는다고 하여도——

그림12 白2를 두면 지금
까지 몇번씩이나 소개한 죽는
모양이 된다.
黑이 둘러싼 활로의 모양이
좋지 않은 것이다.

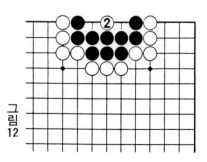

그림 12

살 수 없는 모양

잘못 둘러싸면 죽는 경우가 있다.

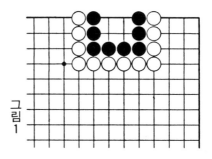

그림 1 둘러싼 4 활로가 정방형이 되고 있다. 이런 黑돌이 바로 살 수 없는 모양이다. 즉, 黑이 먼저 두어도 죽는다.

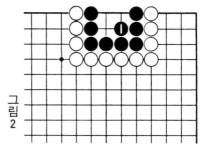

그림 2 黑이 살기 위하여는 2 눈이 필요. 黑 1 을 두어도——

그림 3 白 2 로 1 눈밖에 만들 수 없다.

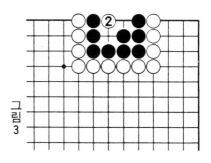

그림 4 또한, 黑 1 이라면 白 2 로 역시 마찬가지이다.

黑이 먼저 두어도 죽을 수밖에 없는 특수한 모양인 것이다.

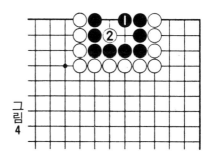

옥 집

집을 만들고 있는 것 같지만 돌의 연결에 결함이 있으며, 완전한 집이 아닌 것이 옥집.

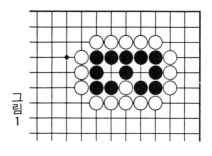

그림 1

그림 1 黑은 완전한 2눈을 구성하고 살아 있는 모양이다. 黑은 서로 밀접하게 연결되어 있다.

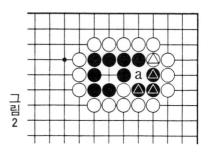

그림 2

그림 2 △ 자리가 白돌로 바뀌었다. 자세히 살펴보기 바란다. 黑▲이 단수이다.

이 모양에서는 a가 옥집이 된다. 옥집은 집이 될 수 없다. 黑은 그대로 죽는 모양이다.

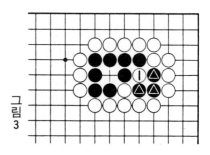

그림 3

그림 3 白은 언제라도 1을 두고 黑을 잡을 수 있다.

그림 4 앞의 그림에서 黑 ⚫이 빠진 모양. 이렇게 되면 알기 쉬울 것이다. 黑은 1 눈 밖에 없으며 더구나 단수이다.

그림 5 바깥쪽의 활로가 비어 있다고 하더라도 조건은 마찬가지. △이 黑의 연결을 방해하고 있는 한 a 는 옥집이다.

그림 6 白은 언제라도 밖에서부터 △의 활로를 메우고 잡을 수 있다. 결국은 그림 2 의 모양과 같은 것이다.

그림 7 이것도 ⚫이 단수이므로 a 가 옥집.
어떤 모양이건 돌이 잡히는 곳에는 집을 만들 수 없다.

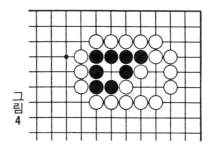

그림 4

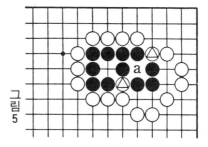

그림 5

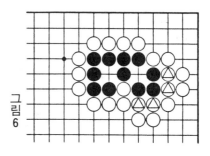

그림 6

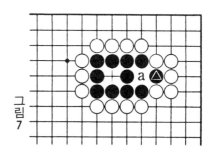

그림 7

끝선의 옥집

끝선에서는 옥집이 되기
쉽다.

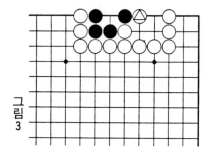

그림
1

그림 1 끝선에서 살 수 있
는 바둑의 기본형이다. 黑돌
은 서로 연결하고 2눈을 만들
고 있다. 그러나 이 연결이 불
완전하면 옥집이 생긴다.

그림 2 ◎이 있는 곳에 白
돌이 오면 순식간에 a와 b
가 옥집. 黑은 1집밖에 없다.

그림 3 앞의 그림에서 白
이 a를 두고 黑을 잡은 모양.
◎의 자리가 집이 아니었다는
것을 증명한다.

그림 4 이번에는 ◎의 자
리가 白돌로 바뀐 모양. 黑은
a가 옥집이 된다.

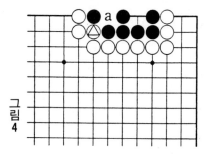

64

그림 5 앞 그림의 모양에서는 白은 1을 두고 黑을 잡을 수 있다. 黑돌의 눈은 a의 한 곳뿐.

물론 이 黑은 죽어 있다.

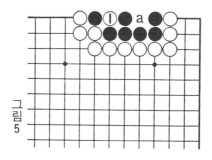

그림 6 모양은 달라지지만 이것도 a가 옥집.

黑을 따내려면 여러 수를 써야겠지만 이 상태에서 이미 黑은 죽어 있다.

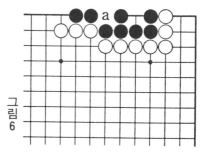

그림 7 귀의 옥집은 얼핏 보면 알아볼 수 없을 지도 모른다. 그러나 제2선의 중심점 ◁에 白이 있으면 a와 b가 옥집이다.

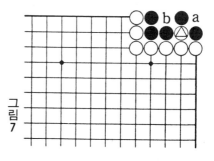

그림 8 역시 ◁에 白이 있고 a b가 옥집. 黑은 1눈밖에 없으며 죽은 모양이다.

옥십은 아무리 많아도 완전한 집이 될 수 없다.

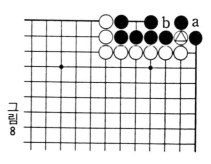

옥집을 만드는 수단

옥집이냐 아니냐 하는 것
은 생사와 관계된 중요
한 문제이다.

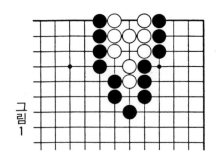

그림 1

그림 1 白돌에는 아직 완
전한 눈이 1눈밖에 없다. 黑
은 어디에 두면 또 하나의 옥
집을 만들 수 있을까?

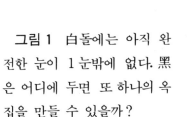

그림 2

그림 2 黑1을 두면 a 는
옥집이 된다. 물론 이것으로
白돌은 죽는다.

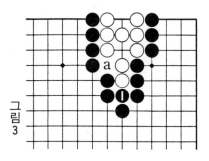

그림 3

그림 3 黑1을 두어 본다.
다음에 a로 白에 단수를 걸
려고 하는데 ──

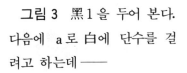

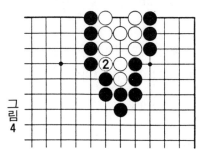

그림 4

그림 4 먼저 白2를 두면
옥집이 되지 않는다. 白은 완
전한 2눈이 된다.

66

그림 5 옥집이 되게 하려면 서로 연결되고 있는 돌의 약점을 찾아내는 것이 중요하다.

이것도 白이 살 수 있는 일보 직전의 모양. 黑이 두면 옥집이 생기는 곳이 있다.

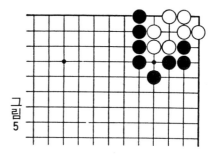

그림 6 黑1을 두면 된다. a의 자리가 옥집이 되며 白돌은 1눈이다.

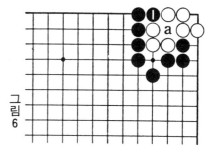

그림 7 黑1을 두면 白이 살아날 수 있는 찬스를 주게 된다. 白2로 선수를 두면 완전한 집.

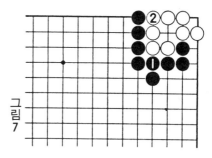

그림 8 또한, 白이 먼저 둔다면 역시 白1. 어느쪽이 이곳에 두느냐에 따라서 白의 사활이 결정된다.

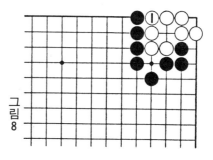

그림 9 돌을 옥집으로 하여 따내는 고등 기술을 소개하기로 한다.

白에는 2눈이 있는 것처럼 보인다. 그러나 이 모양은 완전한 것이 아니다.

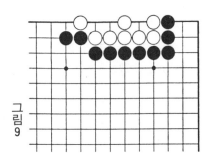

그림10 黑1이 옥집으로 만드는 기술. 이렇게 두는 것만으로도 白은 이미 죽어 있다.

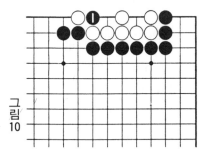

그림11 白은 1로 잡을 수 있지만 白돌 전체가 살기 위하여 아무런 도움도 되지 않는다.

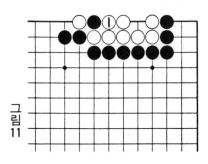

그림12 앞의 그림에서 黑돌을 잡은 다음의 모양을 자세히 보기 바란다.

a 는 옥집. 白은 1 눈밖에 없는 것이다.

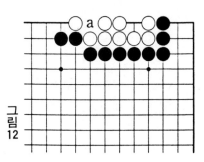

그림13 黑이 ▲을 둔 상태에서 白이 그대로 방치하여도 黑은 급히 a에 둘 필요는 없다. 白이 먼저 두어도 앞 그림의 모양이 약속되고 있으므로 이 모양으로는 白이 죽는다.

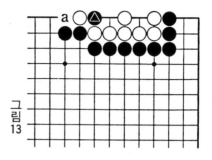

그림14 다른 수를 생각하여 보기로 하자.
黑1로 바깥쪽에서부터 단수. 白돌을 잡았으면 좋겠는데 ——

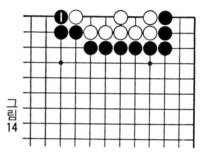

그림15 白2를 두고 달아날 수 있다. 동시에 白집은 완전한 것이 되고 白은 산다.

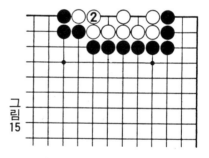

그림16 반대로 白이 먼저 두는 입장이라면 白1을 두면 2눈. 이 白1도 살기 위한 훌륭한 기술이다.

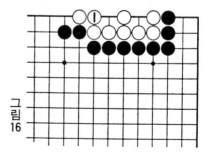

돌이 사는 법

확실한 2눈을 어떻게 만
드느냐 하는 것이 중요
한 문제이다.

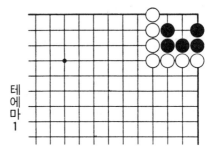

테에마 1 지금까지 배운 것
을 복습한다는 뜻에서 응용 문
제를 풀어 보기로 하자. 우선,
이 모양에서 黑은 어디에 두
면 살 수 있을 것인가?

그림 1 黑1이 정해이다. 이
다음에 白a를 두어도 그대로
완전한 2눈이 된다.

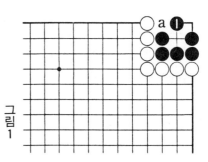

그림 2 黑1을 두면 실패
이다. 白2로 이미 2눈을 만
들 수 없는 모양이므로 역시
黑이 죽는다.

끝선에서는 여러 가지 모양
이 생기므로 이 모양들을 미
리 익혀 두는 것이 좋다.

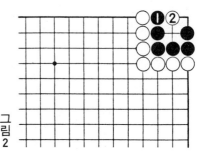

테에마 2 黑에는 아직 완전한 눈은 하나밖에 없다. 또 1눈을 어디에 만들 것인가? 다음에 白이 어떻게 두는지 주의하기 바란다.

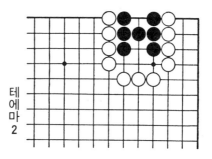

테에마 2

그림 1 정해는 黑1이다. a가 집이 되고 黑은 역시 살 수 있다.

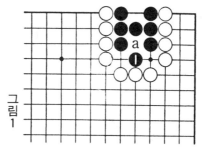

그림 1

그림 2 단, 앞의 그림에 이어 白2를 두면 黑3으로 응수하지 않으면 안 된다. 계속해서 白이 3을 두면 옥집이 된다는 것을 확인하기 바란다.

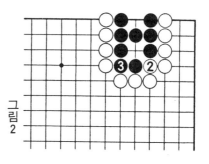

그림 2

그림 3 黑1은 白2로 실패. 계속해서 黑이 2를 둘때까지 白은 기다려 주지 않는다.

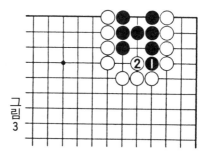

그림 3

테에마 3 역시 黑은 어디에 두면 살 수 있는가 하는 문제이다. 귀 모양에 속아 옥집을 만들지 않도록.

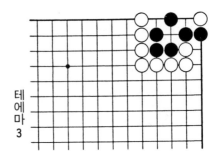

테에마 3

그림 1 黑1을 두면 완전한 2눈을 만들어 살 수 있다. 정해이다. a는 착수 금지점. 白이 둘 수 없는 곳이다.

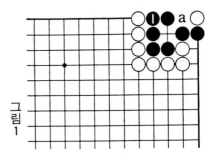

그림 1

그림 2 黑1을 두면 白이 잡힌다. 그러나 이 돌은 집과는 관계가 없다.

그림 3 앞 그림에 이어 白 2를 두면 黑▲이 단수. a가 옥집이므로 黑은 죽는다.
어딘가 옥집이 생길 것 같은데 이것을 미리 파악하는 것이 중요하다.

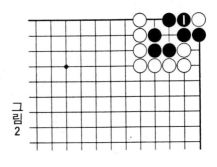

그림 2

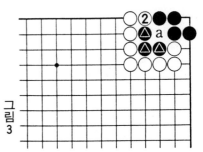

그림 3

테에마 **4** 살 수 있는 방법
의 마지막 문제. 黑은 둘 곳
이 많지만 살 수 있는 곳은 하
나밖에 없다.

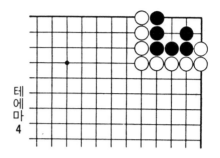

그림 1 黑1이 정해. 열쇠
모양의 4 활로는 살아 있는 모
양이다.

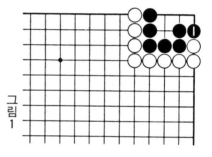

그림 2 즉, 白1을 두어도
黑2로 2눈이 약속되어 있다.

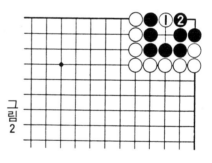

그림 3 黑1을 두고 눈을
만들려고 하면 白2를 두게 되
므로 1눈밖에 되지 않는다.
실패이다.
언제라도 2눈을 만들 수 있
도록 미리 스페이스를 확보하
고 있을 필요가 있다.

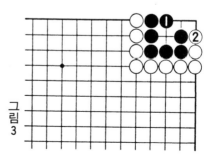

돌을 잡는 법

돌의 생사는 표리일체. 2
눈을 만드는 것을 방해
하면서 잡는 법.

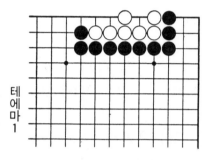

테에마
1

테에마 1 상대의 돌을 잡
는 방법도 익혀 두지 않으면
안 된다. 우선 쉬운 문제부터.
이 白을 잡으려면 黑은 어
디에 두어야 하는가?

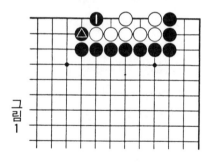

그림
1

그림 1 黑1을 두면 白은
1 눈밖에 없으므로 죽는다. 끝
선에서는 黑1과 ▲돌을 연결
하는데 불안하지 않다.

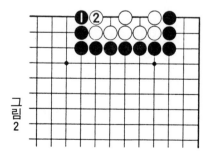

그림
2

그림 2 黑1은 실패. 白2
로 2집.

테에마 2 상대의 돌에 2 눈이 생기면 살 수 있다. 이 돌을 잡으려고 할 때에는 이를 반대로 생각하면 된다. 그러면 이 白을 잡는 것이 간단하다.

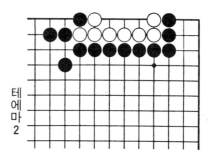

그림 1 모양에는 차이가 없지만 이 白은 본래에는 죽은 모양. 黑 1 로 1 눈밖에 만들 수 없다.

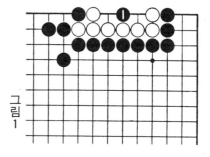

그림 2 앞의 그림에 이어 白 1 로 黑을 잡을 수 있지만 이곳은 생사와 관계가없는 곳. 잡힌 ▲의 자리는 옥집이다.

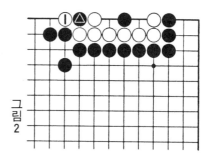

그림 3 黑 1 로는 실패. 白 2 로 역시 완전한 2눈으로 살수 있다. ▲을 구출한다고 하더라도 白이 살면 큰 손실이다.

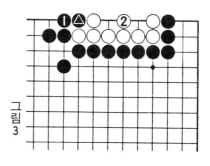

테에마 3 이 모양도 黑이 먼저 두면 白을 잡을수 있다. 白의 끝선의 1 눈은 완전하다. 1 눈을 더 어떻게 만드느냐 하는 것이 문제이다.

테에마 3

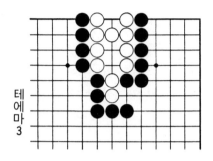

그림 1 黑1을 두는 것이 정해이다. 白이 죽는다. 옥집을 만드는 수단이다.

그림 1

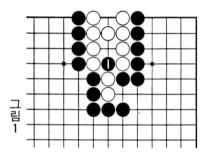

그림 2 白2로 잡아도 ⬣의 자리는 옥집. 黑은 그대로 방치하여도 상관없다.

白도 그림 1 의 단계에서 체념할 수밖에 없다.

그림 2

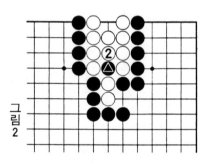

그림 3 黑1의 단수는 白2를 두고 사는 것을 돕는 결과가 된다. 그렇지 않아도 白은 2를 두려고 하는 것이다.

그림 3

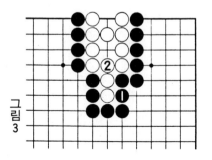

76

테에마 **4** 끝으로 이것은 약간 고급 문제이다. 그러나 요는 白에 2눈만 없으면 된다. 이 白돌을 잡을 수 있다면 바둑은 즐거운 것이다.

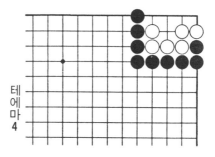

테에마 4

그림 1 黑1을 둔다. 이 다음에 白에 어떻게 응수하느냐 하는 것이 중요하다.

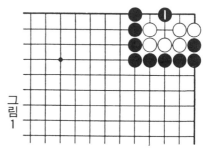

그림 1

그림 2 白2로 집을 만들려고 하면 黑3으로 연결하여 白은 1눈.

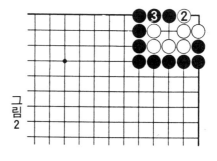

그림 2

그림 3 또한, 그림 1 다음에 白2라면 黑3으로 전체가 1눈. 어쨌든 白을 잡을 수 있다.

그림 3의 모양은 55페이지의 黑의 모양과 뜻이 같다.

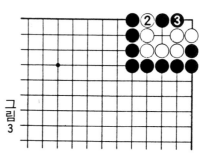

그림 3

단과 급

바둑의 실력은 단(段)과 급(級)으로 표시하고 있다.

일반적인 기준으로서는 룰을 막 익혔을 때에는 30급 정도. 1국의 바둑을 둘 수 있게 되면 20급. 그리고 약간의 기술을 익히면 10급 이내. 이렇게 수의 단위가 작아지다가 급의 최고위는 1급. 단은 급수보다 상위에 있는데 1급의 바로 위가 초단, 그리고 다음이 2단으로서 이번에는 숫자가 많아진다.

현재 단급위(段級位)의 인정은 한국기원에서 행하고 있는데 아마추어의 경우에는 7단이 최고이다.

자기 실력을 알기 위하여는 이런 단체의 인정을 받는 것이 확실한데, 이 밖에도 자기 주변의 상급자와 대국(對局)하는 것도 간단한 방법이다.

바둑은 비록 실력면에서는 차이가 있다고 하더라도 핸디캡의 유무에 따라서 호각(互角)으로 즐길 수 있는 게임이다. 이것을 접바둑이라고 하는데, 대국을 하기 전에 하급자가 먼저 돌을 여러 점 놓아 실력 차이를 조정하는 방법이다.

단급 순위의 차이 하나로 바둑돌을 1점씩 더 놓는다고 하는 것이 원칙이나 자세한 것은 다음 장에서 설명하기로 한다.

제 3 장 —— 패

바둑에는 동형반복(同形反復)의 금지라고 하는 원칙이 있다. 즉, 같은 모양을 되풀이하면 안 된다고 하는 것이다. 이것이 패의 착수를 제한하는 룰이다.

패를 알 수 있게 되면 바둑의 재미도 배가한다.

패의 룰

룰도 없이, 돌 1점을 교
호로 계속 잡을 수 있게
한다면 이 바둑은 한이
없다.

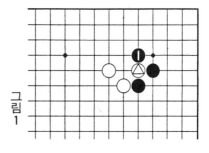

그림 1 처음에는 패가 생
기는 과정을 알아 보기로 한다.
黑1을 두었다. 白△이 단
수이다.

그림 2 계속해서 白이 2
를 두고 연결한다면 문제는 없
다.

　그러나 白은 다른 수가 있
는 것이다.

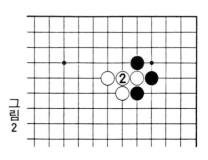

그림 3 白2를 두면 어떻
게 되는가? 여전히 △은 단
수 상태이다.

　이것이 소위 패 모양이라고
하는 것이다.

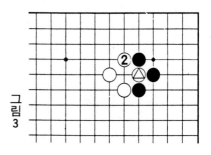

그림 4 이와같이 한쪽의 돌
1점이 단수가 되고 있는 것
이 패 모양의 특징이다.

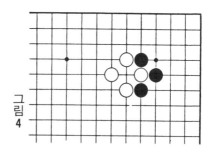

그림 5 黑은 그림 3 다음
에 즉시 3으로 잡을 수 있다.
그러나 이 단계에서 패를 둘
러싼 싸움이 시작되고 패의 룰
이 적용된다.

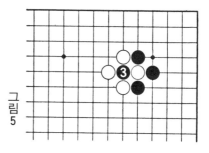

그림 6 앞의 그림에 이어
白은 즉시 a로 되잡을 수 없
다. 일단 다른 곳에 둘 필요
가 있다. 이것이 동형반복 금
지라고 하는 패의 룰이다.

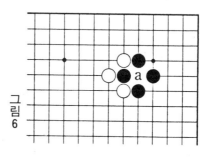

그림 7 만약에 룰이 없다
면 당장에 白이 △로 되잡을
것이며, 이에 따라 그림 4와
똑같은 모양이 되므로 이 게
임은 끝도 없고 한도 없다.

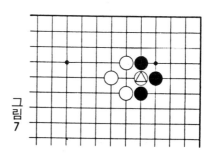

패의 해결

패는 상대가 다른 곳에 두었을 때에는 언제라도 해소시킬 수 있다.

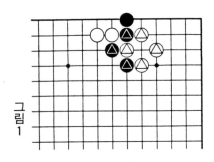

그림
1

그림 1 패의 진행에 관하여 알아 보기로 한다. ▲의 黑돌과 △의 白돌로 패 모양을 구성하고 있다.

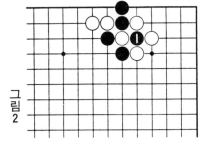

그림
2

그림 2 黑 1 로 패 싸움이 시작되었다.

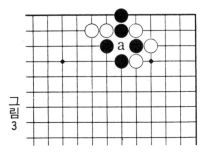

그림
3

그림 3 白은 앞의 그림에 이어 즉시 a 로 되잡을 수 없다. 다른 곳에 두지 않으면 안된다.

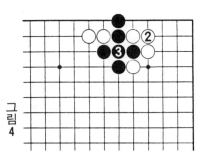

그림
4

그림 4 예를 들어 白 2 를 두었다고 하자. 黑은 3 으로 연결하면 된다. 이 모양이 되면 패 싸움은 해결된 것이다.

패의 계속

패 싸움을 계속하는 경우에는 반대의 입장이 된다.

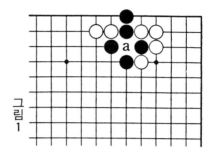

그림 1

그림 1 앞 페이지의 패 싸움을 하는 도중의 장면이다. 黑 a 를 두면 패는 해결. 그러나 黑은 패 모양을 그대로 두고 다른 곳에 두는 것도 가능하다.

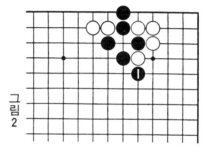

그림 2

그림 2 예를 들면 黑1의 단수.

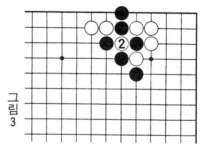

그림 3

그림 3 이 경우에는 白은 2로 잡는다. 즉, 패 싸움이 계속되는 것이다.

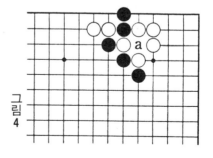

그림 4

그림 4 단, 이번에는 黑 a 로 당장에 되잡을 수 없다. 黑이 다른 곳에 두었을 때에 白 a 로 해소할 것인가의 선택권은 白에게 옮겨진다.

생사와 관련된 패

패가 큰 돌의 생사와 관계되는 경우가 있다.

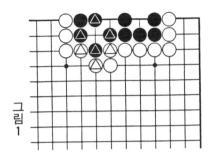

그림 1 ●과 ○로 패 모양이다. 黑돌은 이 상태로는 살 수 없다. 이 패는 죽느냐 사느냐 하는 중대한 패인 것이다.

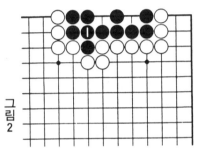

그림 2 물론 黑이 1을 둔다면 黑은 완전히 산다.

그림 3 白1로 패를 잡았을 때가 문제.

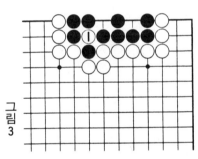

그림 4 a가 옥집이다. 黑은 白△을 당장에 되잡을 수 없다. 黑이 다른 곳에 두었을 때에 白a를 두면 黑이 죽는다.

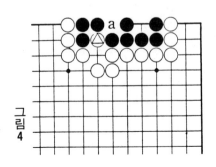

패와 팻감

패 싸움을 하는 도중에
일단 다른 곳에 두는 것
이 팻감.

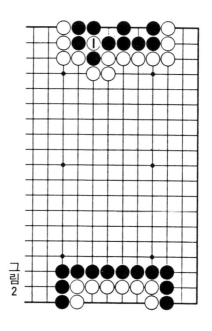

그림 1 실전에 가까운 모
양으로 패 싸움을 하는 법을
연구하여 보자.

위의 모양은 앞 페이지의
모양과 같다. 같은 장면에 아
래쪽의 모양이 있다고 가정한
다. 위의 黑은 패이지만 아래
쪽은 白이 살고 있는 모양.

그림 2 그런데 白1을 잡
고 패 싸움이 시작되었다. 물
론 白은 黑을 잡으려고 한다.

黑은 즉시 되잡을 수 없다.
일단 다른 곳에 두지 않으면
안 되는데 ——

그림3 앞 페이지로부터의
계속이다.

패의 룰에 따라서 黑a를 둘
수 없지만 이런 상태로는 黑
이 죽는다.

그래서 黑2로 아래쪽의 白
돌을 잡으려고 한다. 팻감이
다. 이 白돌이 살 수 있는 모
양이라고 하더라도 黑이 계속
해서 두면 1눈이 된다. 이것
이 노림수이다.

그림4 계속해서, 白이 이
에 상관없이 패를 해소시킨다
면 黑4를 둔다.

黑은 패에 지고 위의 돌을
빼앗겼지만 이의 댓가로 아래
쪽의 白돌을 잡을 수 있다. 우
선은 만족할만한 효과를 거둘
수 있다.

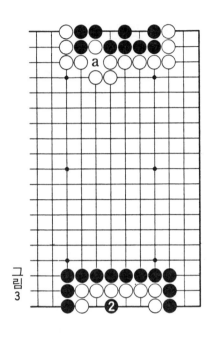

그림
3

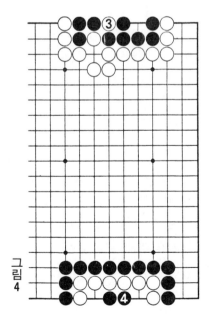

그림
4

그림 5 장면을 그림 3 으로 다시 옮긴다. 黑이 ⬣에 두었다. 白이 앞 그림의 결과가 불만이라고 판단한다면 白3 으로 살 수 있다. 그러나 그 때에는 黑4 로 되잡는다.

원쿳션 다음에는 자유로 되잡을 수 있다는 것이 이 패의 룰이다.

그림 6 이 결과를 자세히 보기 바란다. 白은 즉시 a로 되잡을 수 없다. 이번에는 白이 다른 곳에 팻감을 쓸 차례이다.

이와같이 서로가 교호로 패를 걸고 나서 패를 잡는다.

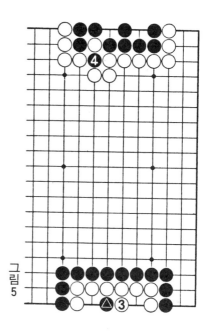

그림 5

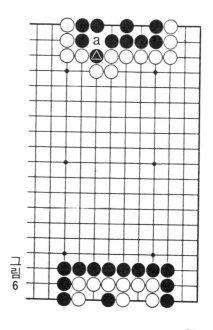

그림 6

끝선의 패

끝선에서도 돌 1점을 서로 잡는 모양이면 패가 된다.

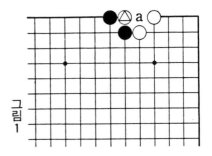

그림 1

그림 1 끝선에서의 패를 간략화한 모양이다. 白△이 단수 상태. 黑 a 로 잡고 패 싸움이 시작된다.

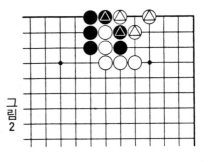

그림 2

그림 2 약간 복잡하게 되었지만 ●의 黑돌과 △의 白돌이 패 모양이므로 원리는 같다.

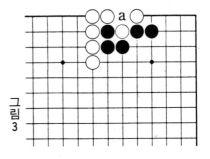

그림 3

그림 3 이것도 끝선의 패의 하나의 예. 黑 a 로 돌을 잡는 모양이 된다.

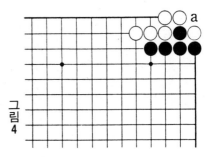

그림 4

그림 4 패 모양은 귀에서도 나타난다. 가치의 크기는 고하간에 a 가 패 모양.

패가 아니다

같은 모양으로 되돌아가
지 않으면 되잡을 수 있
다.

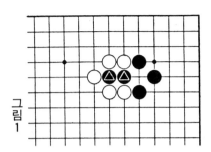

그림1

그림 1 패와 혼동하기 쉬
운 모양을 한가지 예로 들기
로 한다. ▲의 黑 2점이 단
수가 되고 있지만 이 모양은
패가 아니다.

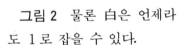

그림
2

그림 2 물론 白은 언제라
도 1로 잡을 수 있다.

그림 3 그 다음은 △이 단
수 모양.

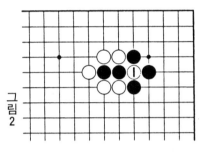

그림
3

그림 4 黑은 즉시 2로 되
잡아도 상관없다.

白이 다시 한번 되잡을 수
있는 모양이 아니면 상관없다.

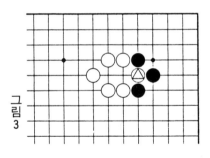

그림
4

패를 거는 수단

패 모양에서 먼저 잡는
쪽은 패를 걸 필요가 없
다.

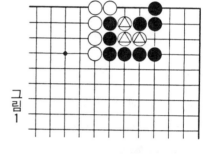

그림 1 어떤 경우에 패가
도움이 되는지 생각하여 보기
로 하자. 보통 수단으로는 △
의 白은 잡을 수 없지만 패를
걸면 찬스가 생긴다.

그림
1

그림 2 黑1이 패를 만드
는 수단. 다음에 黑a를 두면
白을 잡을 수 있다.

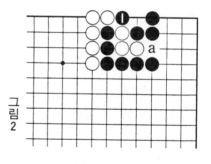

그림
2

그림 3 앞의 그림에서는 白
돌을 잡은 것이 아니므로 白
은 2로 즉시 되잡을 수 있다.
이것으로 패싸움이 시작된다.
黑은 패를 걸고 난 다음 다시
되잡고 △를 잡으려고 노릴
수 있는 것이다.

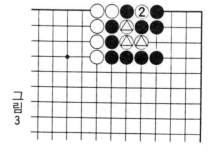

그림
3

90

그림 4   또 하나의 예는 패로 핀치를 극복하는 케이스. 白이 ⬙로 단수를 걸었다. 이 경우에도 패가 효과적인 수단이 된다.

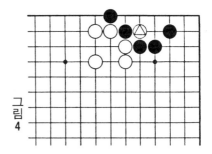

그림 5   黑1로 오히려 단수. 黑⬙이 잡히는 모양인데, 다음에 黑 a를 두면 白도 잡힌다.

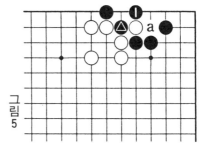

그림 6   白2로 잡고 패 싸움. 역시 다음에 黑이 되잡으려고 하면 패를 쓸 필요가 있는데, 白은 무조건 黑을 잡을 수 없다.

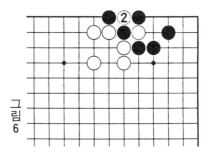

그림 7   패 이외의 수단으로 黑⬙을 구출할 수 없다. 黑1에는 白2로 단수. 이 黑돌이 달아날 수 없다는 것을 알 수 있을 것이다.

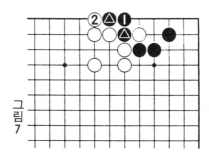

접바둑

대국자의 실력 차이만큼 미리 반면에 돌을 놓고 게임을 하는 것이 접바둑이다.

1점이 단급차의 1에 해당하는데 예를 들어 10급이라 면 7급에 3점을 미리 놓는다.

놓는 돌은 실력의 하위자가 黑돌로 반면의 화점에 미리 둔다.

그리고 바둑은 黑이 먼저 두지만, 이 접바둑에 한하여 白선이다. 놓는 돌의 위치를 그림으로 표시하기로 한다.

2점은 1, 2. 3점은 1, 2, 3. 4점은 1에서 4. 5점 은 1에서 4와 9. 6점은 1에서 6, 7점은 1에서 6과 9. 8점은 1에서 8. 9점은 1에서 9.

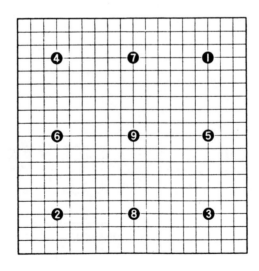

제 4 장 ── 집과 눈

상대가 잡을 수 없는 돌로
둘러싼 활로(공점)가 집이다.
집은 승패의 척도가 되는 중
요한 것. 그리고 눈은 돌이 살
기 위하여 절대로 필요한 것
이다.

눈도 집이 될 수 있지만 아
주 같은 것이 아니다. 양자의
관계를 잘 익혀 두기 바란다.

집이란

연속된 돌로 둘러싸인 스
페이스를 집이라고 한다.

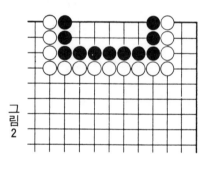

그림 1   겨우 집이라고 하
는 말이 나왔다. 집이란 돌로
둘러싼 활로(공점)를 말한다.
즉, 이 黑돌의 안쪽이 집이다.

그림 2   둘러싼 黑돌의 연
결에 결함이 있으면 안 된다.
이 모양이라면 비록 白이 바
깥쪽을 포위하였다고 하더라
도 걱정없다. 돌을 잡을 때와
마찬가지로 끝선을 둘러쌀 필
요가 없다.

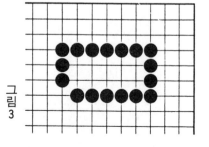

그림 3   중앙에서는 이와 똑
같은 넓이의 스페이스를 둘러
싸는데 끝선보다 많은 돌을 요
한다.

94

집을 계산하는 법

교차점의 단위를 집이라
고 하는데 교차점 하나
가 1집이 된다.

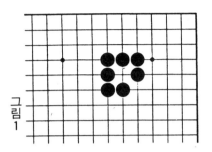

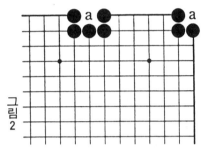

그림 1 교차점을 「집」이라
고 부른다. 둘러싼 공점이 1
이라면 1집. 이 黑돌이 둘러
싼 모양이 1집이다.

그림 2 끝선에서의 1집을
둘러싸는 법. 각각 a의 자리
가 1집이다.

그림 3 모양은 다르지만 모
두가 4집이다. 위와 중앙은
黑 4집. 우하는 白 4집. 둘
러싼 활로 수가 그대로 집이
되므로 계산 방법은 간단하다.

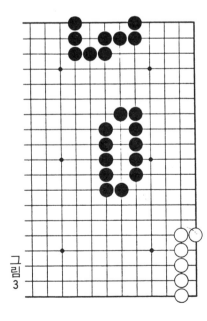

95

너무 작은 집

1집이나 2집은 안전하다
고 할 수 없다.

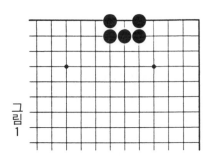

그림 1 너무 작게 둘러싸
면 집으로서의 역할을 제대로
할 수 없는 경우가 있다.

이 黑은 1집인데──

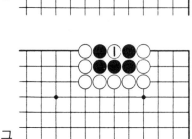

그림 2 바깥쪽을 白이 둘
러싸면 어떻게 되는가? 黑돌
전체가 단수이다.

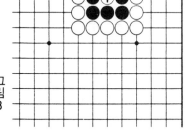

그림 3 白1로 잡힌다.

그림 4 黑돌이 반상에서 사
라지면 결과적으로 白집이 그
만큼 넓어진다. 집을 둘러싸
고 있던 돌이 잡히면 손실이
크다.

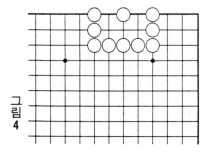

96

그림 5 黑집이 하나 늘어 2집이 되었다.

그러나 이것으로 안전하다고는 할 수 없다.

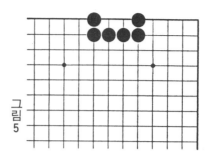

그림 6 바깥쪽을 白이 둘러싸면 黑집은 2집이라고 하더라도 돌의 생사라는 면에서는 1눈밖에 없다.

白a에 잡힌다는 것을 알 수 있을 것이다.

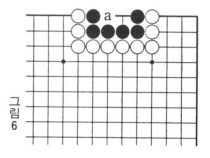

그림 7 3집의 경우에는 어떻게 되는가? 실은 이것도 절대로 안심할 수 없다.

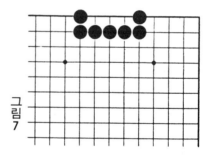

그림 8 역시 白이 바깥쪽을 둘러싼 경우를 생각하여 보기 바란다. 이 黑돌은 제2장에서 설명한 것처럼 죽은 모양. 다음에 白a를 두면 죽는다.

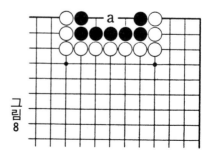

2눈이 조건

집을 둘러싼 돌은 살아
있지 않으면 안 된다.

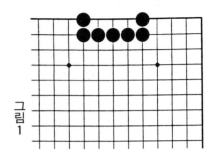

그림 1 다시 한번 3집의
黑 모양을 살펴보기 바란다.
분명히 3집이지만 바깥쪽을
白이 포위하였을 때가 문제.

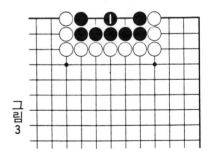

그림 2 黑은 이 상태로 방
치할 수 없다. 白a를 두면 잡
히기 때문이다.

그림 3 黑1이 필요. 이것
으로 2눈으로 산다.

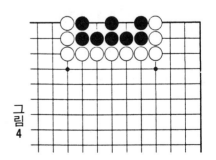

그림 4 그러면 黑집은 몇
집인가? 2집이다. 돌이 살
기 위하여는 최소 2집이 필
요한 것이다.

그림5 3집이 언제나 2집이 되는 것이 아니다. 이 黑모양이라면 끝선의 3집은 그대로 활용할 수 있다.

그림6 黑은 1을 두면 된다. 끝선의 3집 플러스 중앙의 1집. 黑집은 총4집이 된다.

그림7 비록 白1을 둔다고 하더라도 黑은 완전히 2집으로 살 수 있다. a가 이미 1눈의 역할을 하고 있는 것이다.

그림8 黑1을 두어도 살겠지만 白2를 두면 黑집은 2집. 이왕 살려고 한다면 집이 큰 것이 좋을 것이다.

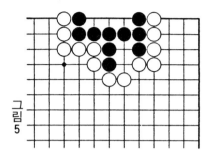

그림5

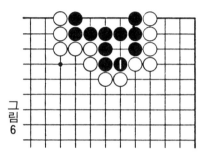

그림6

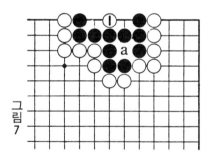

그림7

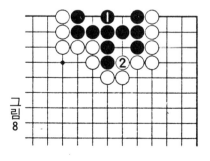

그림8

완전한 집

2눈이 약속된 모양이라면 그대로 살 수 있다.

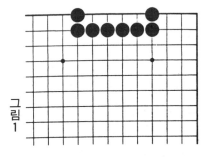

그림 1   黑이 둘러싼 집이 4집이 되었다.   이만하면 안심이다.   그대로 4집으로 보아도 무방하다.

그림 2   비록 白이 바깥쪽을 둘러싸고 있어도 걱정없다. 제2장에서도   설명하였지만 이 黑돌은 살아 있는 모양이다.

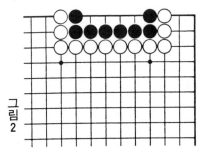

그림 3   白1로잡으려고 하면 黑2를 두고 살 수 있다. 黑은 새삼스럽게 2눈을 만들 필요가 없는 것이다.

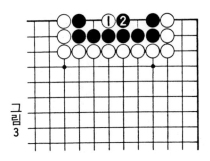

100

그림 4 앞의 그림에서 변한 모양인데 이 黑도 역시 살아 있는 모양이다. 그대로 4 집으로 볼 수 있다.

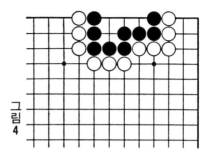

그림 5 4 집이 안전하다면 5 집은 더욱 안전하다. 둘러싸고 있는 집이 넓으면 넓을수록 만약의 경우에 2 눈을 쉽게 만들 수 있다..

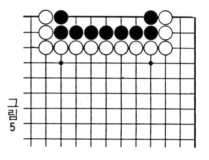

그림 6 10 집은 집으로서도 제법 큰 편이다. 물론 생사와 관련된 불안은 없다.

그림 7 귀에서 15 집을 둘러싼 모양. 어차피 둘러싼 바에는 넓은 것이 효율적이다.
넓게 집을 둘러싸는 경우 최소 4 집이 필요한 것이다.

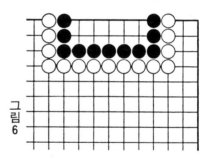

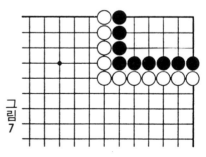

불완전한 집

상대가 침투할 여지가 있
는 경우에는 완전한 집
이라고 할 수 없다.

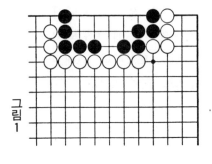

그림
1

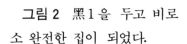

그림
2

그림 1 둘러싼 경계선에
약점이 있을 때에는 완전한 집
이 아니다.

이 黑집은 완성되기 일보
직전의 모양.

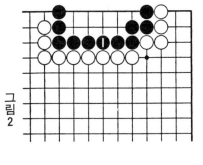

그림
3

그림 2 黑1을 두고 비로
소 완전한 집이 되었다.

그림 3 반대로 白1을 두
면 黑2가 필요. 그만큼 黑
집이 줄어든다.

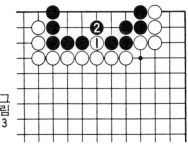

그림
4

그림 4 白이 ⬠을 두었을
때에 그대로 방치한다면 큰일
이다. 白1로 집이 없어진다.

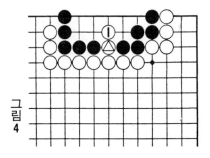

그림 5 이 黑집도 경계선의 한 곳이 비어 있다. 따라서 아직 黑집이 몇 집인지 확정되지 않았다.

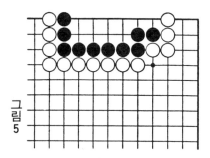

그림 5

그림 6 黑1을 두면 안전. 9집의 黑집이 확정되었다.

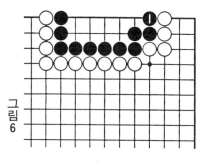

그림 6

그림 7 그러나 白1을 먼저 두면 黑집은 어떻게 되는가?

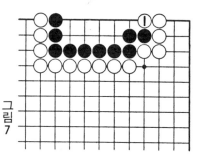

그림 7

그림 8 黑집을 지키려면 黑2를 두지 않으면 안 된다. 黑집이 8로 줄었다.

이러한 쌍방의 집의 증감과 관련된 경계선의 수단을 끝내기라고 한다. 끝내기는 다음 장에서 자세히 설명하기로 한다.

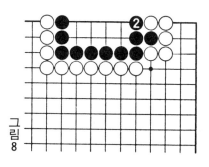

그림 8

끝선의 결함

끝선의 연결은 실전중에는 소홀히하는 경우가 있다.

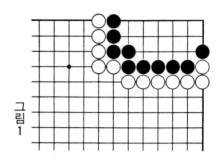

그림1

그림 1 돌은 사선으로는 연결할 수 없다는 것을 다시 한번 상기하여 주기 바란다.

이 黑집에는 중대한 결함이 있다.

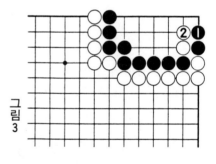

그림2

그림 2 白1을 두면 큰일. 黑⬤이 단수이다.

그림3

그림 3 黑1로 달아나려고 해도 白2로 잡힌다.

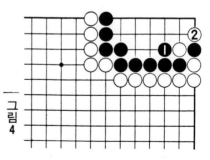

그림4

그림 4 黑1이라면 白2로 잡는다. 즉, 黑집에는 큰 구멍이 뚫린 것이다.

104

그림 5 완전한 黑집을 만들려면 먼저 黑1을 두지 않으면 안 된다. 黑▲은 黑1에 의하여 연결된 모양이 된다.

단, 黑은 1이외의 모양으로도 연결할 수 있다.

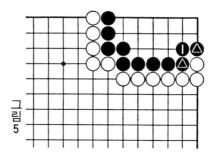

그림 6 黑▲이 있다면 걱정이 없는 모양.

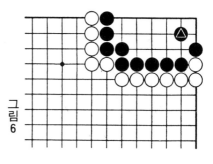

그림 7 白1을 두어도 白돌은 단수이므로 黑2로 먼저 잡을 수 있는 것이다.

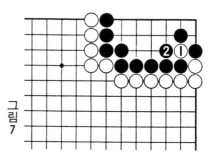

그림 8 또 한가지, 黑돌이 ▲ 자리에 있어도 상관없다는 것을 확인하여 주기 바란다.

집을 지키는 수도 여러 가지가 있다.

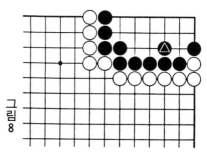

제2선의 결함

끝선에 가까운 곳의 연결을 잊지 말도록.

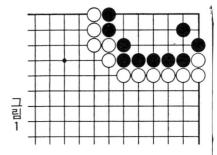

그림 1　제2선의 연결도 중요하다. 이 黑돌의 결함은 과연 어디인가?

그림 2　白1을 두면 黑은 곤란하다. 제2선의 연결이 불충분한 것이다. 끝선의 黑▲이 단수이다.

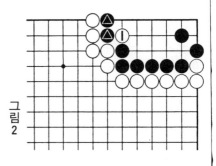

그림 3　黑2로 白을 잡으려고 하여도 白3으로 먼저 잡힌다.
　　그래도 아직 黑집은 불완전하다.

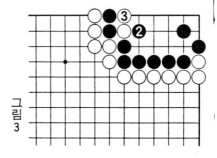

106

그림4 앞의 그림에 이어
黑4로 지키면 겨우 黑집이 정
리된다. 당초의 예상보다 훨
씬 작아졌다.

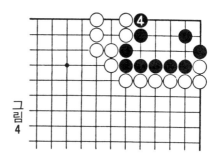

그림
4

그림5 黑1을 두면 白2
로 잡힌다. ◎을 둔 순간 끝
선의 黑돌은 이미 달아날 수
없는 것이다.

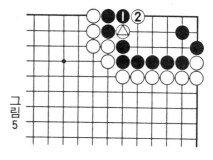

그림
5

그림6 이 모양에서는 미
리 黑1로 지키지 않으면 안
된다.

그림4와 비교하여 본다면
모양의 불비가 중대한 결과를
초래한다는 것을 알 수 있을
것이다.

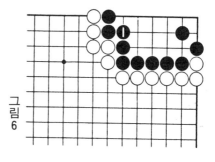

그림
6

그림7 黑1로 지켜도 무
방하다. 훌륭하게 연결하고
있다.

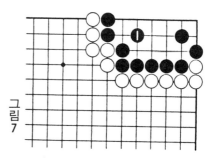

그림
7

급하지 않은 방어

결함이 있는 모양일지라도 당장은 안전한 경우가 있다.

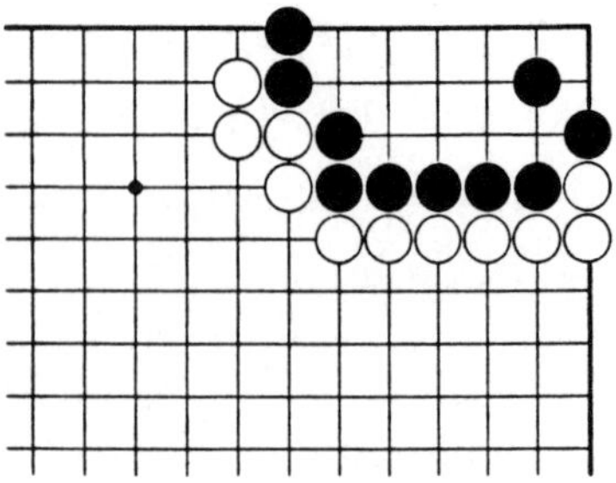

그림 1

그림 2

그림 3

그림 4

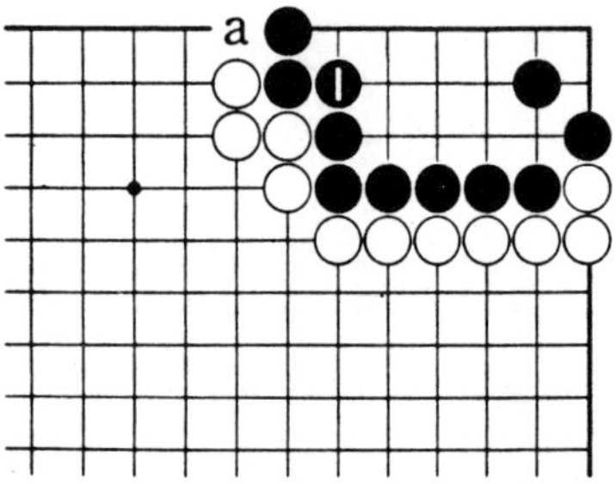

그림 1 黑 모양은 앞 페이지와 같다. 단, 바깥쪽의 白에 약간 차이가 있다. 그 차이를 알 수 있을 것이다.

그림 2 a의 활로가 비어 있다. 이 때에 黑1로 방어를 서두르지 않는다.

그림 3 왜냐하면 白1을 두어도 黑2로 먼저 白을 잡을 수 있기 때문이다.

그림 4 白1을 두면 黑2로 응수하면 된다. 연결이 약속되고 있는 모양인 것이다.

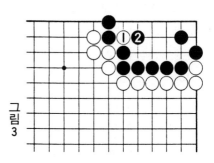

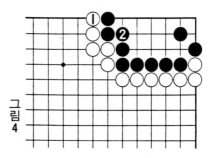

너무 큰 집

상대가 그 안에서 살 수
있는 모양은 집이라고
할 수 없다.

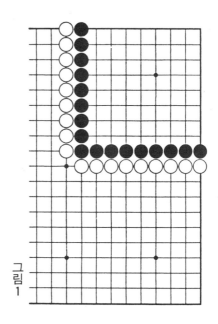

그림 1　黑이 그림과 같이
넓은 영토를 차지하고 있다고
가정한다. 과연 이것을 모두
黑집이라고 할 수 있을까?

그림 2　白이 1로 들어왔
을 때가 문제. 黑이 이 白돌
을 잡으면 모두 黑집이 된다.
그러나 여기서 白이 2눈을 만
들면 그만치 黑집이 줄어든다.
　너무 작은 집도 문제이지만
너무 큰 집도 한번 생각해 볼
문제이다.

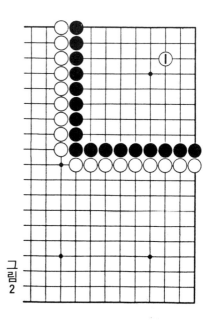

공 제

　대국자의 실력이 서로 비슷한 경우를 호선(互先)이라고 부른다. 호선이란 1국씩 교대로 黑돌과 白돌을 바꾸어서 둔다는 뜻이다.

　그러나 1국만으로 승패를 결정하려고 할 때에는 분명히 黑을 갖고 먼저 두는 쪽이 유리하다. 이 유리, 불리의 차이를 해소시키고 먼저 두는 黑에게 핸디캡을 두는 것이 「공제」이다. 공제는 5집반으로 하는 것이 일반적이며 그 몫만큼 종국 후에 黑집에서 빼는 방법을 취한다. 5집반의 공제라면 黑은 최종적으로 6집 이상을 이길 필요가 있다. 5집 이내라면 白승이다. 바둑에는 반집이라고 하는 단위는 없는데 이것은 빅을 방지한다는 편의적인 뜻이다.

　더구나 호선에서 자기 돌을 결정하려면 대국자의 어느 한 쪽이 적당한 수의 돌을 집어 반상에 깔아놓고 상대가 이 돌의 수가 기수냐 우수냐 하는 것을 알아맞추어 이것으로 결정하는 방법이 보통이다.

제 5 장 —— 끝내기와 종국

자기 집을 늘리고 상대의 집
을 줄인다. 이 두 행위를 끝
내기라고 하는데 이의 의미는
같다.
　끝내기는 1 국의 바둑의 총
정리. 끝내기를 마친 단계가
종국이다.

끝내기란

끝내기는 주로 바둑의 최
종 단계에서 한다.

그림 1 앞에서도 약간 다
루었지만 자기 집을 지키거나
상대의 집을 감소시키는 행위
가 끝내기이다. 이 黑집은 아
직 완전하지 않다.

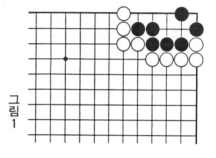

그림 2 黑 1 을 두면 완전
한 모양으로서 黑집은 5 집이
된다.

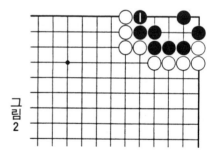

그림 3 반대로 白 1 을 두면
黑 2 로 지킨다고 하여도 黑집
은 4 집.
어느쪽이 먼저 두는가에 따
라서 집의 크기에 영향을 미
치게 하는 것이 끝내기의 특
징이다.

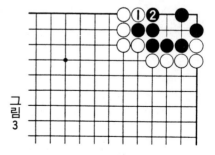

112

그림 4 이 모양에서 黑1을 두면 a의 자리에 1집이 생긴다.

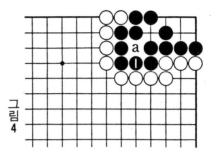

그림
4

그림 5 반대로 白1을 두면 집을 만들 수 없다.

그림 4 와 그림 5 는 모두 1집에 관한 수단. 어느쪽이나 1집 끝내기를 하는 결과가 된다.

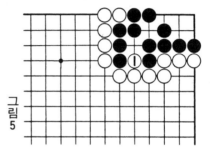

그림
5

그림 6 얼핏 깨닫기 어려운 모양이지만 이것도 a를 어느쪽이 두느냐에 따라서 黑집에 차이가 난다.

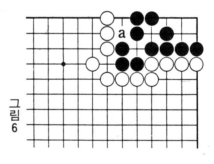

그림
6

그림 7 白1을 두면 a는 옥집. 바깥쪽의 활로는 비어 있지만 최종적으로는 黑a를 두지 않으면 안 된다.

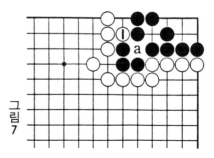

그림
7

끝선의 끝내기

끝선에서는 사선으로 둔
돌도 연결되어 있다.

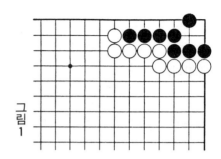

그림
1

그림 1 黑집은 끝선의 경
계선의 한 곳이 비어 있다.

그림 2 黑1을 두면 黑집
은 완성.

반대로 白이 먼저 두면 어
떻게 되는가?

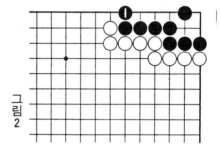

그림
2

그림 3 白1을 두면 黑2
로 방어한다. 이것이라면 앞
그림의 黑집과 같은 모양이다.

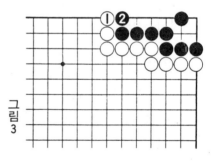

그림
3

그림 4 白은 1까지 나갈
수 있다. 사선으로 나간 돌이
라고 하더라도 끝선에서는 연
결이 미리 약속되고 있는 것이
다.

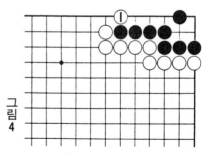

그림
4

114

그림 5   앞 그림에 이어 黑 2를 두면 白3으로 연결하면 된다. 이 모양을 그림 3과 비교하여 보기 바란다. 黑집이 1집 적어졌다는 것을 알 수 있을 것이다.

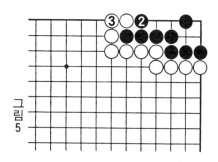

그림 6   또 한가지 예. 이번에는 반대쪽의 끝선이 비어 있는데 白의 끝내기는 마찬가지이다.

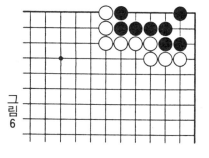

그림 7   역시 白1로 끝내기를 하는 것이 득이다.

그림 8   계속해서 黑2 白 3이 되어 끝내기는 일단락. 끝선에서는 정직하게 돌을 연결하고 나서 둘 필요가 없는 것이다.

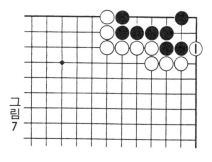

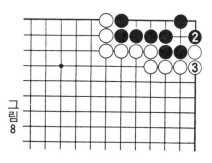

집의 증감

상대의 집을 파괴하는 것
이 자기 집을 방어하는
것이다.

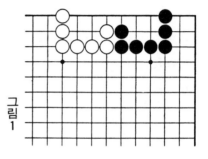

그림 1 黑집과 白집이 서
로 접근하고 있다. 간략화되
고 있지만 종반전에 흔히 나
오는 케이스. 이 장면에서 어
떻게 끝내기를 할 것인지 알
아 보자.

그림 2 黑이 1을 두면 黑
의 4집이 완성된다.

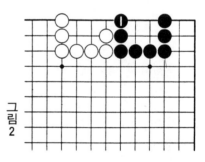

그림 3 계속해서 白이 2
를 두면 白집도 4집. 白집과
黑집 수는 같다.

그러나 黑에는 유리하게 끝
내기를 하는 방법이 있을 것
이다.

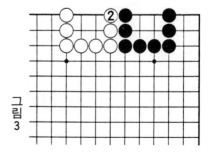

116

그림 4 黑1까지 나가도 이미 안전하다는 것을 알 수 있을 것이다.

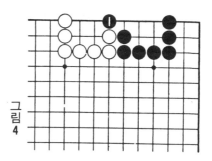

그림
4

그림 5 계속해서 白2에는 黑3. 이렇게 되면 黑집은 4집이지만 白집은 3집. 黑집이 1집 더 많은 것이다.

반대로 白부터 둔 경우를 상정하여 보기로 한다.

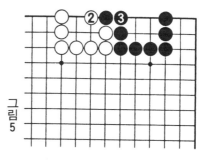

그림
5

그림 6 역시 白1이 유리한 끝내기.

그림 7 이와 마찬가지로 黑2 白3이 되면 白집이 반대로 1집 더 많다. 이의 결과를 그림3과 비교하여 보기 바란다. 2집의 차이가 있다.

실제는 1집의 수단이라고 하더라도 자기 집을 지킨다는 행위가 포함되고 있다면 큰 끝내기인 것이다.

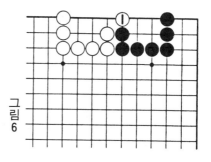

그림
6

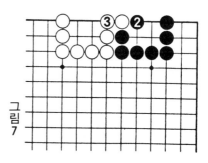

그림
7

선수 끝내기

상대가 그대로 방치할 수 없는 끝내기는 가치가 있다.

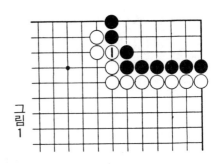

그림 1

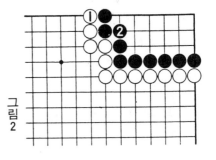

그림 2

그림 1 白1을 두는 것은 1집 끝내기이다. 단, 黑은 이 상태를 그대로 방치한다.

그림 2 白1로 바깥쪽을 메꾸었을 때 黑2로 응수하면 된다.

그림 3 그러면 △로 막은 모양에서 白1을 두면 어떻게 되는가?

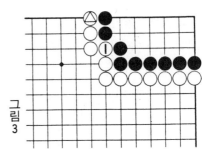

그림 3

그림 4 黑은 2로 지키지 않으면 △이 위험하다.

이와같이 상대가 손을 뺄 수 없도록 두는 것이 선수 끝내기이다.

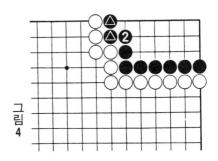

그림 4

118

그림 5 모양에 따라서는 끝선에서도 선수 끝내기를 할 수 있다.

이 모양에서 白이 끝내기를 하려면 어떻게 두는가?

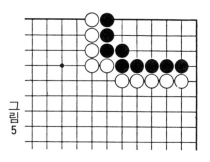

그림
5

그림 6 白 1을 둔다는 것을 알 수 있을 것이다. 계속해서——

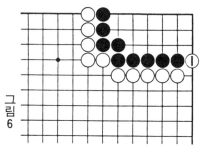

그림
6

그림 7 黑 2로 지키면 白 3을 둔다. 그러면 이 모양을 잘 살펴보기 바란다. 다음에 白 a를 두면 黑2는 달아날 수 없다.

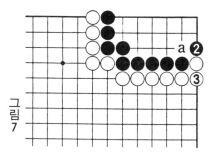

그림
7

그림 8 따라서 黑은 4를 생략할 수 없으므로 白은 다른 곳의 끝내기로.

선수 끝내기는 이를 두는 쪽에 이득이 있으므로 보통 끝내기보다 훨씬 더 중요하다.

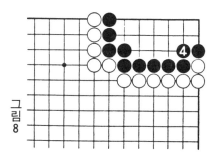

그림
8

큰 끝내기

제2선의 끝내기는 다른
곳의 끝내기에 우선한다.

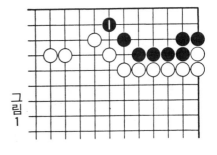

그림 1

그림 1 쌍방의 땅의 제2
선이 비어 있을 때에 黑1로
두는 끝내기의 가치를 알아
보기로 하자. 이 黑1은 黑집
을 지키는 것은 물론 白집의
삭감도 노리고 있다.

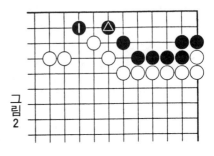

그림 2

그림 2 즉, ▲을 白이 방
치하고 있으면 다음에 黑1로
침투한다.

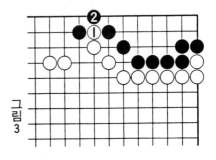

그림 3

그림 3 앞 그림에 이어 白
1에는 黑2로 黑돌이 연결되
고 있으므로 그만큼 白집이
줄어든다.

그림 4   ▲로 두었을 때에
白1로 응수한다. 黑은 2를
두고 끝내기를 한다.

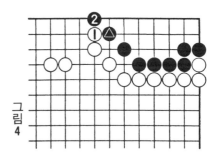

그림 5   계속해서 白3에는
黑4. 모양에도 따르겠지만
白5를 생략할 수 없다면 黑
의 선수 끝내기. 黑은 그림1
에서 일방적으로 이 모양까지
둘 수 있었던 것이다.

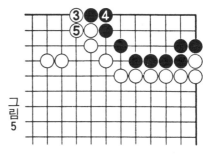

그림 6   반대로 白1을 먼
저 두면 어떻게 되는가? 黑
2로 지킨다고 하여도——

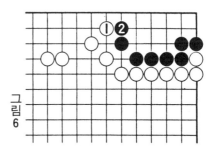

그림 7   白3에서 5까지가
선수 끝내기. 이것을 그림5
와 비교하면 이의 차이가 크
다는 것을 알 수 있을 것이다.
끝내기에 강해지려면 이 큰
끝내기를 놓치지 말고 상대보
다 먼저 둔다.

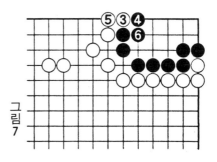

잡은 돌의 처리

잡은 돌은 종국 후에 상대의 집을 줄이는 역할을 한다.

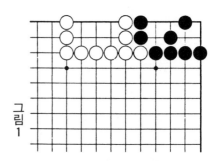

그림 1

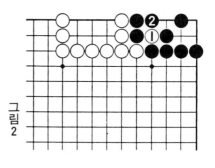

그림 2

그림 1 黑 白이 모두 6집이다. 그대로 끝나면 이 부분만으로는 무승부이다.

그림 2 그렇지만 白1의 단수에는 어떻게 되는가? 물론 黑은 2로 잡는다.

그림 3 이의 결과 黑집은 5집. 그러나 안심하기 바란다. 黑이 1집 진 것이 아니다.

그림 4 그림 2에서 잡은 白 돌은 종국 후 계산을 할 때에 ⚫로 白집을 메꿀 수 있기 때문이다. 역시 白집도 5집이므로 무승부이다.

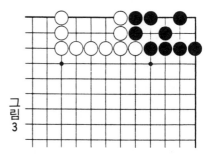

그림 3

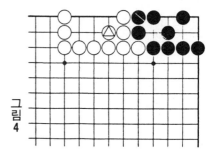

그림 4

그림 5 또 한가지 다른 예
를 소개하기로 한다. 같은 모
양에서 白은 1을 둘른지도
모른다.

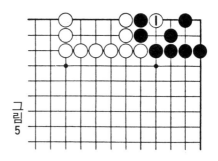

그림
5

그림 6 黑은 잡히면 견딜
수 없으므로 2로 연결한다.
그런데 남은 문제는 이 白돌
이 어떻게 되느냐 하는 것이
다.

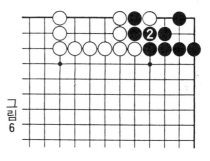

그림
6

그림 7 △의 白돌은 이미
꼼짝할 수 없는 모양. 그대로
사석으로 볼 수 있다. 따라서
黑 a 로 따낼 필요가 없다.

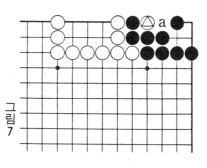

그림
7

그림 8 종국 후 △으로 상
대의 집을 메운다. 역시 黑 白
은 각각 5집으로서 무승부.
  이렇게 잡은 돌을 포로 혹
은 사석이라고 한다.

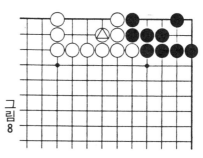

그림
8

배의 효과

돌을 잡는 것은 대국에
서 배의 효과가 있다.

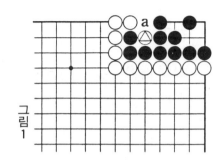

그림 1

그림 1 △의 白이 단수이
다. 白a를 두면 黑집은 증가
하지 않는다.

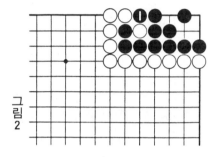

그림 2

그림 2 黑이 1로 잡는다
고 하면 黑집은 몇 집이나 증
가하는가?

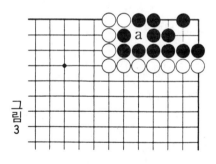

그림 3

그림 3 a의 1집이라고 한
다면 착각이다. 앞 페이지에
서 설명한 것처럼 이미 잡은
白돌은 상대의 집을 줄이는
역할을 하므로 도합 2집이 된
다.

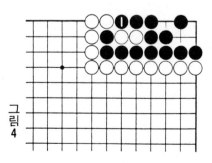

그림 4

그림 4 黑1로 2점을 잡
으면 4집의 끝내기. 상대의
돌을 잡는다고 하는 것에 큰
가치가 있다.

124

공 배

어느쪽이 두어도 집을 만
들 가망이 없는 곳이 공
배이다.

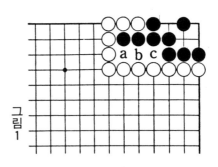

그림
1

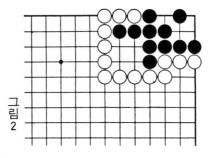

그림
2

그림 1 a b c의 각점은
어느쪽에서 어떻게 두건 집이
될 수 없다. 이런 무용의 공
점을 「공배」라고 한다.

그림 2 앞의 그림과 가치
는 다르지만 이 黑과 白의 접
점도 넓은 의미에서는 공배이
다.

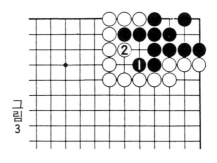

그림
3

그림 3 黑 1 을 두어도 白
2 로 집이 될 수 없다.

그림 4 반대로 白 1 이라면
黑 2 를 둔다.
이런 공배의 접점은 종국 후
에 서로 메우게 된다.

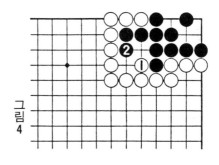

그림
4

집이 될 때까지

집은 서반의 골격에서부
터 상대방 돌과의 절충
으로 서서히 만들어진다.

그림
1

그림 1 귀의 일부분을 예
로 들어 어떻게 집이 만들어
지는가를 알아 보기로 한다.

처음에는 적은 黑돌만으로
집의 골격을 만든다. 이것이
초반의 포석 단계.

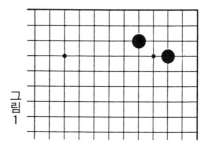

그림
2

그림 2 바둑이 중반전으로
돌입하고 바깥쪽에 白돌이 육
박하고 있다. 그러면 黑돌 2
점만으로는 불안한 느낌이다.

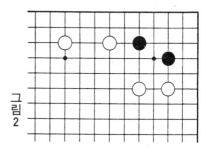

그림
3

그림 3 黑이 제2선을 지
키며 불안을 해소. 집을 넓히
는 역할을 하고 있다.

126

그림 4 마침내 종반이 다가오고 끝내기 단계. 白은 중앙의 출구를 봉쇄하면서 黑집을 삭감하려고 하는 장면이다.

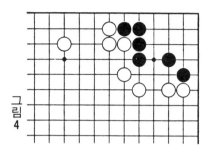

그림
4

그림 5 우하의 모양도 대체로 결정되고 黑집의 완성도 가까와졌다. 黑돌의 연결은 걱정없다는 것을 확인하여 주기 바란다.

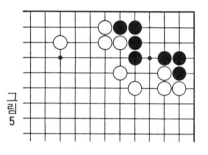

그림
5

그림 6 계속해서 우하의 제 1 선에서 끝내기를 하고 중앙의 白 모양도 정리되었다.

그림 7 마지막 끝내기는 黑이 두고 13집의 黑집이 완성. 이 단계가 종국이다.

黑 白이 모두 이렇게 둘 필요는 없으나 집을 만드는 하나의 과정으로서 참고로 하여 주기 바란다.

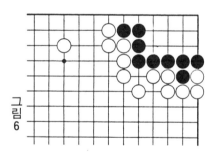

그림
6

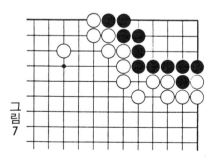

그림
7

종국과 승패

종　국

　그림 1　어떤 실전이 종료한 모양이다. 黑 白이 아직 둘 곳은 많지만 집의 증감과는 관계가 없다고 쌍방이 인정한 단계가 종국이다.

　종국 다음에는 서로가 차지한 집의 비교 계산을 하게 되는데 그 전에 반드시 치루어야 할 절차가 있다.

　이 그림을 기본으로 하여 승패가 결정되기까지의　과정을 살펴보기로 한다.

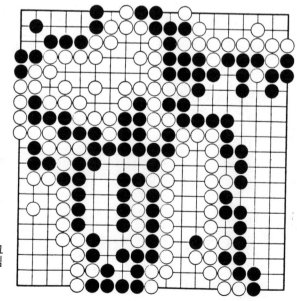

그림 1

공배 메우기와 손질

바깥쪽의 공배를 메우면
위험한 돌을 지키는 행
위가 손질.

그림 2 반상을 보기 바란다. 우선, a b c d의 각점이 비어
있다는 것을 알 수 있다. 이곳이 공배로서 집을 만들 수 없는 곳.
종국 후, 이 공배는 쌍방이 교대로 메우게 되는데 c와 d의 공배
는 약간 상태가 다르다. 즉, 黑c를 메우면 白은 e가 필요하다.
마찬가지로 白d를 메우면 黑f를 생략할 수 없다. 이 공배를 메
우는 단계에서 집을 지키는 白e나 黑f를 「손질」이라고 한다.

다음에 黑집 가운데의 白돌이나 白집 안의 ♠의 黑돌은 모두가
죽은 돌이다. 공배를 메우는 작업이 끝난 다음 그 돌은 그대로 따
내도 상관없다.

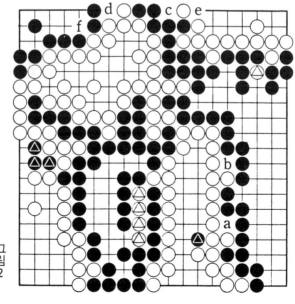

그림
2

계 가

그림 3　앞의 그림에서 ❹과 Ⓐ에 공배를 서로 메우고 손질을
마친 모양이다. 물론 사석은 모두 따내지만, 黑 白은 각자 결함
없는 완전한 집이라는 것을 확인하여 주기 바란다.

잡은 돌은 黑이 5점이요 白이 4점이다. 여기에 종국이 되기
까지 잡은 돌도 합하게 되는데 이 바둑에서는 쌍방에 모두 그 돌
이 없었다.

잡은 돌로 상대의 집을 메우는 것이 다음 작업인데 편의상 ×
표가 있는 곳에 메우기로 한다.

마침내 계가인데 이 상태로는 계산하기가 어려우므로 좀더 쉽
게 계산할 수 있도록 모양을 다시 정리한다. 이것이 최종 작업.

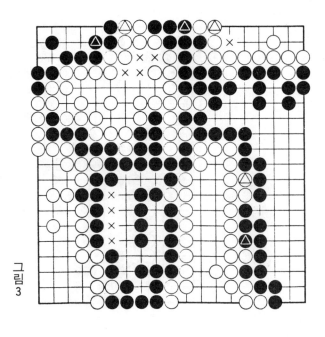

그림
3

黑 5집승

집이 많은 쪽이 이긴다.

그림 4 앞 그림의 모양에서, 黑집 안에서 ●의 黑돌을, 白집 안에서 ◎의 白돌을 이동시키고 계산하기 쉬운 모양으로 바꾼 결과가 이 그림이다. 집 안의 돌을 움직여도 집의 크기가 변동되지 않는다. 모양에 따라서 10집 단위, 5집 단위의 집으로 정리하는 것이 하나의 방법이다.

이렇게 되면 계산은 간단하다.

黑집의 합계＝75집, 白집의 합계＝70집

이로써 黑의 5집승이라는 결과가 나왔다.

더구나 공배를 메우고 난 다음에는 상대의 정지(整地) 계산을 하는 것이 예의이다.

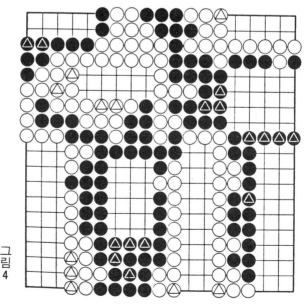

그림 4

131

불계와 빅(무승부)

불계란 바둑을 두는 도중에 종국을 선언하는 것이다. 끝까지 두지 않아도 이미 승패가 결정된 경우에 이를 행한다.

바둑은 최종적으로 1 집이라도 집이 많은 쪽이 이기게 된다. 물론, 많이 이길수록 좋지만 20 집승보다. 1 집승의 가치가 떨어진다고 하는 경우는 없다. 따라서 1 국의 바둑이 도중에서 만회불능이라고 판단된 경우에는 패배를 인정하고「투료」를 선언해도 무방하다.

도중에서 패배를 인정하여도 이것은 결코 수치스런 일이 아니다. 패배를 알면서도 끝까지 두는 것은 시간의 낭비일 뿐이다.

빅은 종국을 선언한 다음 쌍방의 집이 똑같은 경우를 말한다.

호선에서 5 집반이라고 하는 공제가 있는 경우에는「무승부」가 될 수 없지만「공제」가 없는 바둑이나 접바둑에서는「빅」이 되는 경우가 많다.「빅」은 무승부로 처리하는 것이 보통이나 접바둑에서는 白승으로 미리 결정할 수도 있다.

제 6 장 —— 실전의 요령

앞의 장까지 룰에 관한 설명을 모두 마쳤다.

이제 당신은 언제라도 바둑을 둘 수 있다. 다음에는 실전에서의 효율적인 수를 마스터한다면 그때부터는 오직 숙달만이 있을 뿐이다.

1. 효율적인 연결

ㅁ 자

중앙으로 진출하기 위한
수단 가운데에서 가장 견
실한 수가 이 ㅁ자.

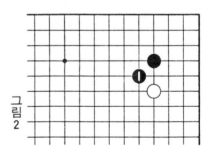

그림 1   ●의 돌에서 黑1
로 나가는 것이 ㅁ자. 사선의
돌은 서로 연결되어 있는 것
은 아니지만 조금도 걱정할
필요가 없다.

그림 2   白돌이 가까이에
있을지라도 黑1을 두고 중앙
으로 진출할 수 있다.

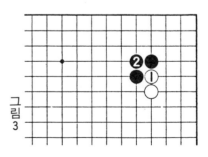

그림 3   白1이라면 黑2로
연결. 계속해서 白이 두지 않
는 한 연결이 약속되고 있는
것이다.

134

그림4 白에 둘러싸인 黑 ▲이 불안한 상태이다. 이 경 우에는 ㅁ자가 효율적인 수가 된다.

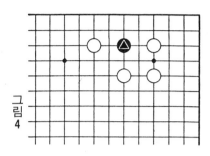

그림4

그림5 黑1로 두어 중앙 으로 진출한다. ▲의 돌에서 부터의 黑1이 ㅁ자이다. 2개 의 돌은 연결이 약속되고 있 는 모양. 즉, 연결되고 있는 것이다.

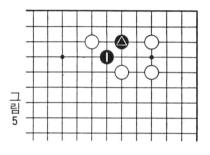

그림5

그림6 앞의 그림에 이어 白1로 절단하려고 하면 黑2 로 연결한다. 이런 케이스로 계속 白을 두게 하면 안 된다.

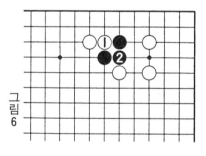

그림6

그림7 반대로 白1을 두 면 ▲의 黑은 거의 절망 상 태. 白1은 △의 양쪽 돌에 서부터 ㅁ자를 한 모양이 되 고 있다.

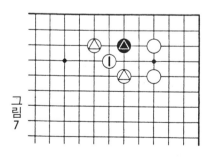

그림7

135

日 자

끝선에 가까운 곳에서는 日자가 효과적인 연결 수단이 된다.

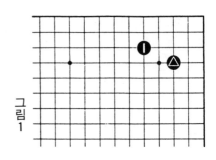

그림 1

그림 1 黑▲에서부터 黑1을 두는 것이 日자. ㅁ자보다 돌의 간격이 떨어져 있지만 연결하는 데는 별로 문제가 없다.

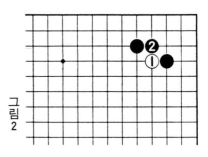

그림 2

그림 2 白1로 찌르고 들어오면 黑2를 둔다. 이 모양은 완전히 연결된 것이 아니나——

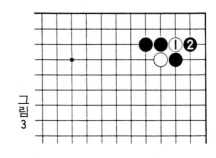

그림 3

그림 3 만약에 白1이면 黑2로 단수.

그림 4 白3, 黑4가 되면 서로 연결되지 않은 돌이라고 할지라도 끝선에서 진로가 막혀 버리는 白이 절대적으로 불리한 입장에 놓이게 된다.

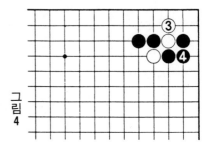

그림 4

그림 5 ▲에서 제 2 선에 黑 1 을 두는 것도 日 자. 이 모양에서 日 자의 연결에 걱정이 없다는 것을 확인하여 주기 바란다.

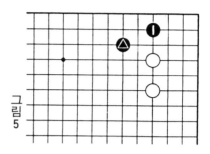

그림 5

그림 6 앞 그림의 모양에서부터 白 1 로 절단하려고 하여도 黑 2 로 응수하여 연결하고 있다. 여기까지 결정되면 이미 알 수 있을 것이다.

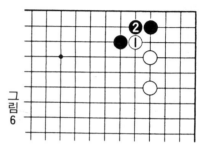

그림 6

그림 7 비록 白 1 을 둔다고 하더라도 黑 2 로 역시 白은 달아날 수 없는 돌. 끝선에 가까울수록 日 자의 돌은 견실하게 연결할 수 있는 것이다.

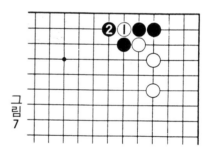

그림 7

그림 8 ▲의 행마에 白이 손을 빼고 그대로 방치하여 둔다면 다음에는 黑 1 의 ㅁ 자가 유효. 이것은 실전에서는 매우 중요한 것이다.

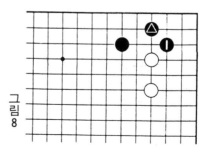

그림 8

1 칸뛰기

연결을 유지하면서 돌의 발전을 노리는 바둑의 기본이 1칸뛰기.

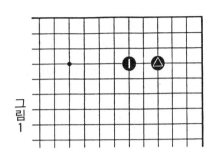

그림 1

그림 1 ●로부터 黑1이 1칸뛰기. 2돌 사이에 공점 하나가 비어 있다. 이것도 연결이 약속되고 있는 모양이다.

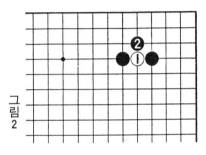

그림 2

그림 2 무리하게 白1로 빈 틈에 끼어들 필요는 없다. 黑 2로 단수.

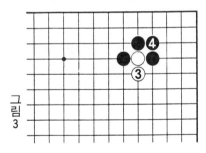

그림 3

그림 3 白은 3으로 달아 날 수밖에 없겠지만 黑4로 한쪽을 연결.

그림 4 다른 한쪽의 결함 도 白1이라면 黑2로 단수이 므로 黑이 절대로 유리한 모 양이 되고 있다.

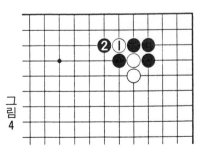

그림 4

그림 5 제2선에서도 1칸 뛰기의 효과는 있다. 黑1은 ⬥의 日자와 1칸뛰기와의 조합. 3점의 연결에 걱정없다.

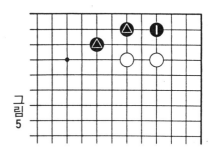

그림 5

그림 6 白1은 黑2로 잡히게 된다는 것을 이미 알고 있을 것이다.

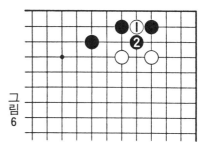

그림 6

그림 7 또 한가지 예. 1칸 뛰기라는 가장 유력한 수법으로 중앙으로 진출한다. 이런 모양에서 黑1로 뛰는 것은 실전에서도 이따금 볼 수 있다.

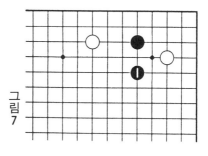

그림 7

그림 8 계속해서 白도 2로 1칸뛰기를 하면 黑도 3으로 뛴다. 「1칸뛰기에 악수 없다」라는 격언을 익혀 두기 바란다.

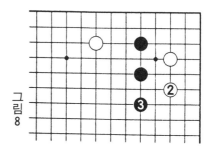

그림 8

2칸뛰기

변의 제3선에서는 2칸 뛰기가 적합하다.

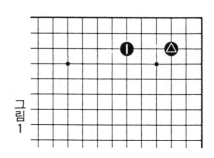

그림
1

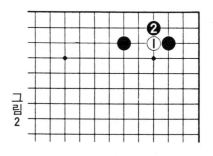

그림
2

그림 1　黑1로 나간 것이 2칸뛰기. 변에서 옆으로 두는 경우에는 벌린다는 의미도 있어 2칸벌리기라고도 한다.

이렇게 사이가 떠 있지만 제대로 연결할 수 있다는 것을 증명해 보이기로 한다.

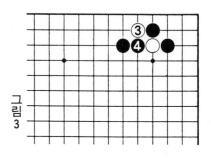

그림
3

그림 2　白1로 찌르면 黑2로 응수한다.

그림 3　白3이라면 黑4로 단수.

그림 4　계속해서 白5로 달아났을 때에는 黑6. 이쯤되면 白도 체념하지 않을 수 없다.

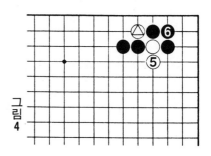

그림
4

그림 5 앞 그림에 이어 白 1 로 달아나려고 하여도 黑 2 로 잡히는 모양이 된다.

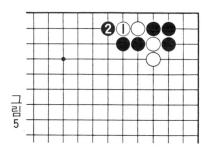

그림 5

그림 6 실전에서의 2 칸뛰기의 예이다. 黑 1 이 2 칸뛰기. 白이 1 칸뛰기로 돌의 안전을 도모하고 있지만 黑도 이에 대항하는 뜻으로 2 칸뛰기로 견실한 모양. 어느쪽이나 발전성이 있는 모습이다.

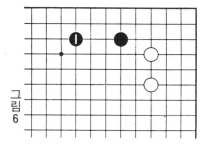

그림 6

그림 7 같은 상황에서의 1 칸뛰기라면 안전 제일. 그러나 이것으로는 집의 골격이 작다. 당면한 위험이 없다면 큰 쪽이 유리한 것이다.

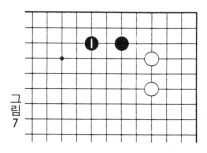

그림 7

그림 8 黑 1 이라면 3 칸뛰기이지만 白 a 로 불안하다. 물론 고수라면 이것도 멋진 수이다.

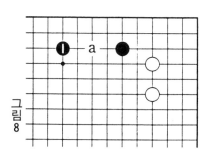

그림 8

2. 처음에 두는 법

귀에서 두는 이유는?

실전에서는 귀에서부터 두기 시작하는 것이 일반적이다.

그림 1 어떤 바둑의 초반의 국면을 살펴보기로 하자.

접바둑이라고 하는 핸디캡이 없는 호선 바둑에서는 黑이 먼저 둔다.

黑1에서부터 두기 시작하여 白4까지. 약간 장소는 다르지만 쌍방이 귀에 두고 있다.

왜 그럴까? 우선 그 이유부터 생각하여 보기로 하자.

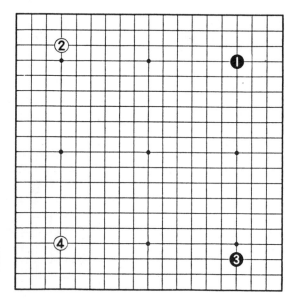

그림 1

귀의 효용

집을 둘러쌀 때에는 절
대적으로 귀가 유리하다.

그림 1 黑돌만이 놓여 있지만 꼼꼼하게 들여다보기 바란다. 모
두가 9집을 둘러싸고 있는 모양이다.

집을 둘러싸기 쉬운 자리는 과연 어디인가?

당연히 우상의 모양 즉, 귀이다.

똑같은 9집을 만드는데 있어서도 귀에서는 돌이 6점. 그것이
변에서는 9점, 중앙에서는 12점이 필요하다. 이것이 앞 페이지의
해답이다.

바둑에서는 집을 많이 차지한 쪽이 이기게 되므로 우선 처음에
는 집을 둘러싸기 쉬운 귀에서부터 착수하는 것이 자연스런 사고
방식이다.

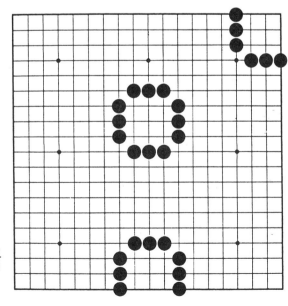

그림
1

143

집의 골격

귀에서는 2점이나 3점의 돌로 집을 확보할 수 있다.

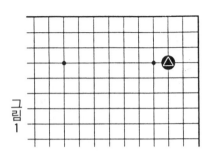

그림 1

그림 1 ●은 귀에서도 「소목(小目)」이라고 불리우고 있는 자리이다. 처음에 黑이 이곳에 두었다고 가정한다.

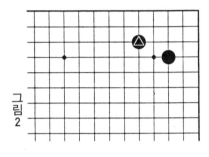

그림 2

그림 2 다시 ● 1점을 두면 日자 모양. 이것만으로도 귀는 黑집이라고 할 수 있다.

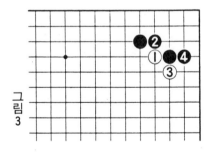

그림 3

그림 3 白1을 두어도 日자의 연결은 확정되어 있다. 白3에는 黑4로 黑집은 완성에 가깝다.

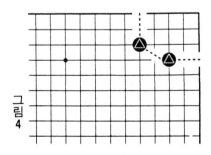

그림 4

그림 4 즉, 귀에서는 ● 2점으로 점선에 따라 집의 골격을 만들고 있는 것이다.

144

그림 5 여기서 ▲은 귀의 화점이라고 불리는 위치. 이곳도 소목과 마찬가지로 귀의 제1착으로 많이 두고 있다.

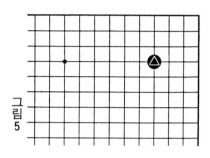

그림 6 하나의 예이지만 ▲ 2점이 화점을 중심으로 두어지면 집의 골격은 대체로 완성. 日자와 ㅁ자를 조합한 모양이다.

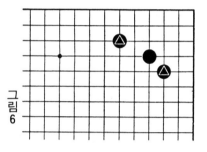

그림 7 물론, 돌이 3점이므로 집 모양도 크다. 점선이 약속되고 있는 黑집인 것이다.

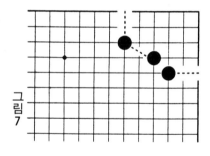

그림 8 a b의 소목이나 화점 이외의 ×표식 등 제1착에는 여러 가지 방법이 있다.
숙달됨에 따라 자기 취미에 맞는 수를 선택하는 것도 바둑을 즐기는 하나의 방법이 될 것이다.

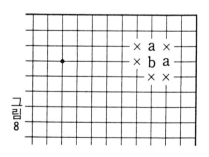

3. 귀 싸움

굳힘과 걸치기

굳힘은 귀의 골격을 완
성시키는 수단. 이를 방
해하는 것이 걸치기.

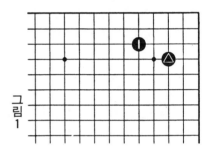

그림 1 ⚫에서 黑1을 두
면 집의 골격이 완성된다. 이
것을 굳힘이라고 한다.

그림 2 黑1이나 a도 굳
힘. 굳힌다고 하는 것은 귀에
서 절대로 유리한 모양을 구
축하는 것이다.

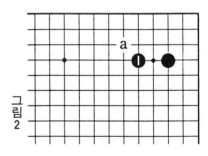

그림 3 黑이 굳히기 전에
白1로 먼저 두는 것이 걸치
기이다.

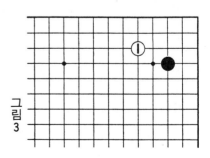

그림 4 白1도 걸치기. 상대의 굳힘을 방해하며 귀의 독점을 허용하지 않는다. 즉, 귀의 영유권을 쟁취하는 싸움인 것이다.

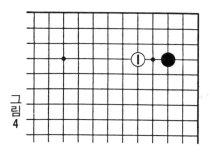

그림
4

그림 5 화점의 위치에서도 굳힘을 둘 수 있다.

黑1은 日자굳힘. 이 밖에 黑 a b도 일반적인 굳힘이다.

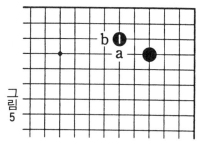

그림
5

그림 6 화점은 귀에서는 대칭의 위치이므로 반대쪽으로 黑1을 두어도 같은 모양의 굳힘. 黑 a b가 있는 것도 마찬가지이다.

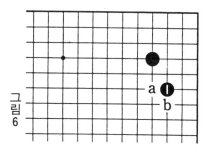

그림
6

그림 7 白1은 화점에 대한 걸치기. 白 a b 이외에 반대쪽에서부터 白 e까지가 일반적인 걸침.

귀의 이권 쟁탈전은 다종다양한 것이다.

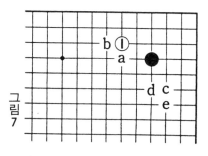

그림
7

147

싸움이 시작된다

귀의 영유권을 서로 양보하지 않으려고 싸움이 벌어진다.

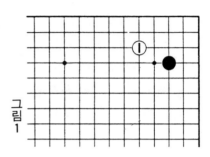

그림 1

그림 1 黑의 굳힘을 방해하려고 白1로 걸쳤다. 그런데 이 다음은 도대체 어떻게 될 것인가?

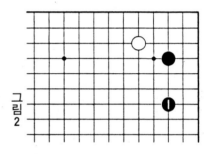

그림 2

그림 2 黑은 귀의 전유를 일단 체념하고 1로 변으로 향한다.

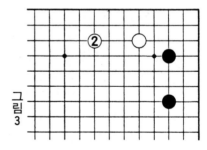

그림 3

그림 3 그리고 白도 2로 변에 두면 화해 성립. 서로가 비슷한 모양으로 만족한다.

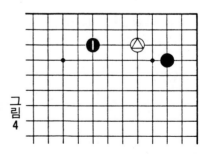

그림 4

그림 4 그러나 黑은 앞 그림에 만족하지 않고 1로 △의 白을 공격하는 행위도 충분히 생각할 수 있을 것이다.

148

그림 5 그렇게 되었을 때가 싸움이다. 白도 2로 1칸을 뛰고 ●의 黑에 압력을 걸어 서로의 돌이 안전한 모양이 될 때까지는 시간이 걸릴 것이다.

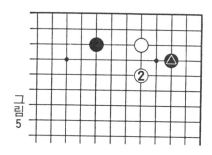

그림 6 싸우는 방법에도 여러 가지가 있다. 黑1로 상대의 돌과 접촉하는 것도 한가지 방법.

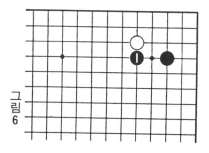

그림 7 黑 ●에 白이 손을 빼면 다음에 黑1로 눌러 버리려고 하는 것이다.

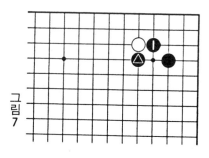

그림 8 그러나 白도 1로 반발하며, 역시 이 다음에는 싸움으로 발전할 가능성이 많다.

단, 그림 4와 그림 6에서의 이 선택권은 黑에 있다는 것을 알아야 한다.

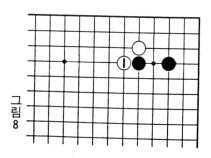

정 석

귀 싸움에서 일단 결말이 나고 쌍방이 만족한 모양이 되는 것이 정석.

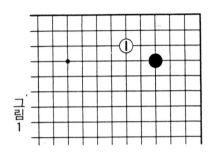

그림 1

그림 1 화점의 黑에 白1이 걸치고 나서 하나의 정석이 완성되기까지의 과정을 살펴보기로 한다.

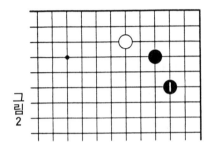

그림 2

그림 2 이 밖에도 黑에는 여러 가지 수단이 있지만, 黑1은 반대 방향에 굳히면서 귀의 집을 확보하려는 수단.

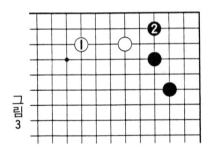

그림 3

그림 3 계속해서 白1로 귀를 체념하면 黑2. 귀의 黑집이 크며, 이것은 白이 불만.

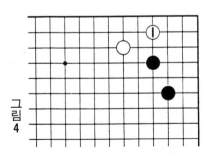

그림 4

그림 4 白1로 日자로 나가면 귀의 독점을 방해할 수 있다.

그림 5 ⬡의 日자에서부터 다음에는 白1로 노릴 수 있다. 그러면 반대로 귀는 白집. 黑이 불만이다.

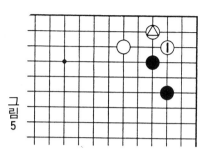

그림 6 ⬡의 日자에는 黑1로 ㅁ자 응수를 하면 귀의 집은 반은 지킬 수 있다. 이 黑1의 자리가 白에게 양보할 수 없는 요점이다.

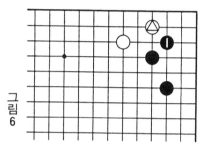

그림 7 이것이라면 白도 1로 변을 차지하고 일단락하기까지가 정석. 아직 a의 문제가 남아 있지만 이것은 끝내기의 분야. 초반의 단계에서는 이 밖에도 큰 자리가 있을 것이다.

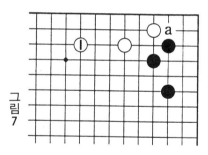

그림 8 白1로 걸치고 난 다음부터의 수순을 계속해서 소개하기로 한다. 이런 정석을 많이 익혀 두는 것이 기력 향상에 도움이 된다.

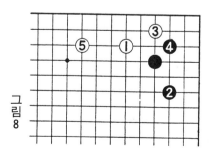

4. 변으로 전개

큰 벌리기

변으로 돌의 세력을 확장하는 수단을 벌리기라고 한다.

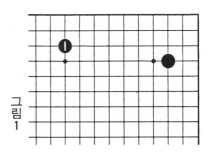

그림
1

그림 1 黑1로 크게 넓히는 것도 유력한 수이다. 돌의 연결보다는 세력을 중시.

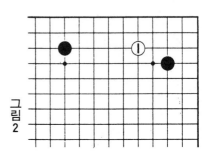

그림
2

그림 2 물론, 白1로 걸치는 여지는 남겨져 있지만 그때에는 다른 작전으로 임한다.

그림 3 黑2로 2칸에 두고, 변에서는 독립된 모양이 되면서 白◎을 공격하려는 사고 방식이다.

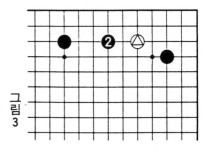

그림
3

152

그림 4 굳힌 모양으로부터의 벌리기는 가장 효과적이다. ▲의 굳힘에서부터 黑1의 2칸은 견실 제일이나 약간 불만이다.

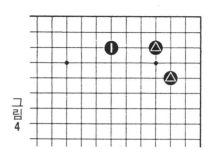

그림 4

그림 5 과감하게 黑1까지 나가도 불안하지 않다. 귀 다음에는 제2의 이권의 자리인 변의 소유권을 차지하는 것이 순서가 된다.

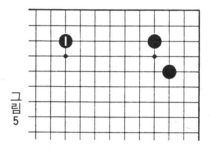

그림 5

그림 6 白1로 갈라치기를 하여도 白은 집을 만드는 스페이스가 적고——

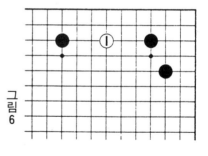

그림 6

그림 7 반대로 黑은 2로 크게 공격하며 白을 괴롭힐 수 있다.

초반 단계에서 미리 세력을 확장하는 것이 결국은 집을 차지하기에 유리한 것이다.

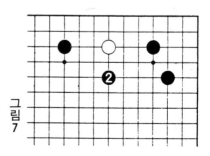

그림 7

세력의 확장

돌의 세력은 싸움을 유리하게 하며 영토의 확장과도 연결되고 있다.

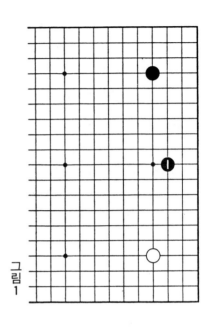

그림 1

그림 1 黑과 白이 서로 귀의 화점을 차지하고 있다. 이런 경우에는 黑1로 변의 중심점을 선점하는 것이 효과적인 수단이 된다.

그림 2 白1로 들어와도 집을 삭감할 수 없다. 黑2로 벌리면 새로운 방면에 집을 만들 수 있다. 이 반면에 黑의 세력권으로 침투한 白돌은 크게 기대할 수 없다.

그림 1에서, 1의 자리에 반대로 白이 먼저 둔 경우와의 차이를 생각하면 잘 알 수 있을 것이다.

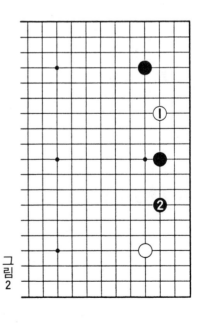

그림 2

154

그림 3 黑이 ●을 둔 다음 白1로 굳힌 경우를 생각하여 보기로 한다. 이번에는 黑2로 1칸을 뛰고 중앙을 향하여 세력을 확장한다. 黑 모양이 차츰 입체적이 되었다.

더구나 黑2로써는 a의 2칸으로 견실하게 집을 확보하는 것도 훌륭한 수이다.

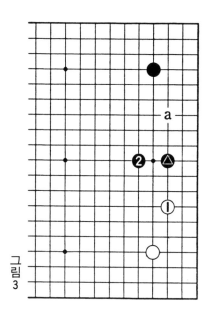

그림 3

그림 4 계속해서 白1로 걸치면 黑2의 굳힘으로 귀에서부터 변에 걸친 큰 자리를 노릴 수 있다. 그리고 白1을 두지 않고 있으면 黑 a까지 넓히는 것이 큰 수단.

세력을 확장할 때에는 국부에 구애되지 말고 전국을 내다보는 것이 중요하다.

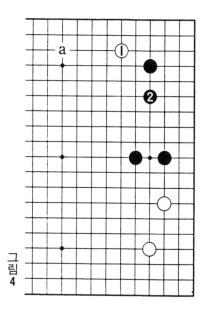

그림 4

155

5. 실전의 서반

처음에는 귀에서부터

제1착은 어떤 귀에서부터 착수하든 상관없다.

그림 1 실전에서는 어떤 식으로 국면이 진행되고 있는지 알아보자.

어디서부터 두어야 한다고 하는 룰은 없다. 그러나 黑1에서 白4까지 서로가 효율적으로 귀를 차지하는 것이 보통이다.

더구나 白4는 「3三」이라고 불리우는 위치로서 비록 작지만 이 1수로 귀의 집을 확정한다는 특징이 있다.

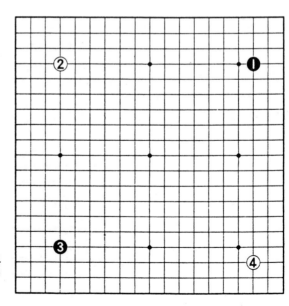

그림 1

굳힘과 걸치기

귀의 돌에 걸쳤을 때에
정석을 둔다.

그림 2 앞 그림에서부터의 계속이다. 가장 큰 귀는 이미 다 두었다. 다음으로 큰 것이 굳힘과 걸치기의 귀의 영유권 쟁탈전.

黑 1 이 굳힘, 白 2 가 걸치기이다.

黑 3 으로 a 를 둔 것이 150페이지의 정석인데 白 6 까지도 비슷한 모양의 정석이다.

白 2 의 걸치기는 자유이나 정석이 일단락될 때까지는 계속해서 두는 것이 중요하다. 도중에서 포기하면 모처럼 걸친 의미가 없다.

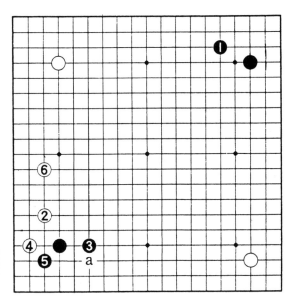

그림
2

어느쪽이 두어도 큰 변의 요점을 큰 자리라고 한다.

그림 3 앞 그림의 모양에서 좀더 앞으로 나가 보기로 한다.

黑1은 3三의 돌에 대한 걸치기로서 黑3까지의 수는 짧지만 하나의 정석이다.

白4가 마지막 굳힘. 이것으로 귀의 주도권 싸움은 일단락. 다음 문제는 변으로 전개하는 것이다.

黑5, 白6은 모두가 변의 요점. 사양하지 말고 크게 벌린다.

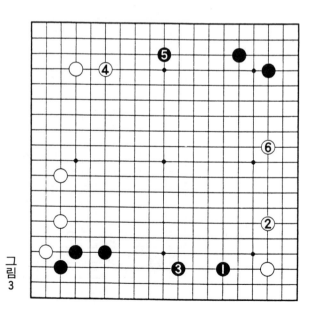

그림
3

158

중반으로

변의 큰 자리에 두고 나면 중앙에서의 싸움을 포함한 중반전이 벌어진다.

그림 4 계속해서, 黑1의 벌리기는 白a와의 차이가 크며 白2도 똑같은 의미. 黑3, 白4로 세력을 중앙으로 넓히는 것이 다음 단계로서 변의 큰 자리에서는 이미 끝났다.

이제, 黑5로 白의 세력권으로 돌입하고 바로 중반전이다. 白은 이 黑을 어떻게 공격하며, 黑은 그 공격을 어떻게 빗나가게 할 것인가. 이의 결과 여하에 따라서 앞으로의 국면이 크게 좌우된다.

중반전은 힘의 승부. 다음 장에서 공부하여 주기 바란다.

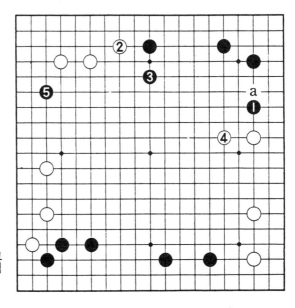

그림 4

제 7 장 —— 돌을 잡는다

이 장에서는 상대의 돌을
「달아나지 못하는 모양」으로
하는 기본적인 기술을 배운다.
　상대의 돌을 잡으면 자기
돌을 연결할 수 있을 뿐만 아
니라 승패와 직접 관계되는
「영토」를 차지하는데 있어서
도 득이 된다.

1. 잡고 나서 연결

4점으로 잡기

반상의 돌은 활로를 모두 막으면 잡을 수 있다.

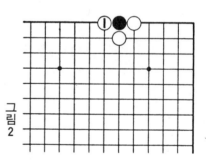

그림 1 白1로 黑돌을 잡고 반상에서 따낸다.

그림 2 변에서는 白1로 잡는다. 돌 3점을 두고 잡을 수 있는 것이 끝선의 특징이다.

그림 3 끝선과 겹친 귀는 2점으로 잡을 수 있다. 이것은 제 6 장까지의 복습이다.

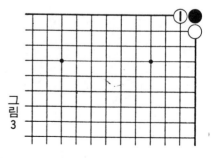

162

돌의 연결

자기 돌 옆에 두면 그대
로 연결되어 일체가 된
다.

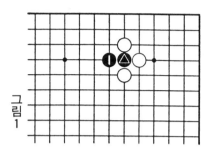

그림 1   黑1을 두면 ●은
잡을 수 없다. 2점이 연결되
고 활로가 늘어나기 때문이다.

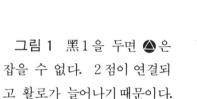

그림 2   늘어난 활로는 a b
c의 3곳. 이를 白이 막으려
면 3수가 더 필요하여 당분
간 안전하다.

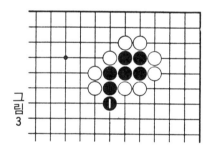

그림 3   돌뭉치가 커도 마
찬가지이다. 黑1로 단수를
벗어나면 잡히지 않는다.

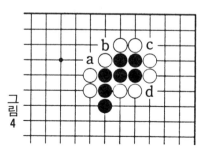

그림 4   黑을 잡지 않으면
반대로 a b c d 등의 반격
을 노릴 수 있다.

163

그림 5 돌의 연결은 지금 잡히는 것을 피할 뿐만 아니라, 장래에 단수나 잡히는 것을 미리 피하기 위한 중요한 사고 방식이다. 돌뭉치가 크면 그만치 활로도 증가하기 때문이다.

좌우의 黑돌은 아직 연결되지 않고 있다.

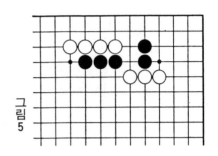

그림 5

그림 6 黑1을 두고 완전 연결.

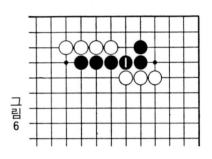

그림 6

그림 7 견실하게 연결되어 도저히 잡을 수 없는 강한 돌이 되었다.

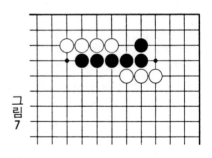

그림 7

그림 8 반대로 白1부터 두면 黑은 이미 연결할 수 없는 모양. 다음에 黑a로 두어도 사선 관계로는 연결이 되지 않는다. 白이 다시 a를 두면 白은 완전한 연결이다.

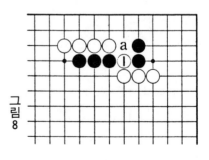

그림 8

잡으면 연결

연결을 끊은 상대의 돌
을 잡으면 연결을 부활
시킬 수 있다.

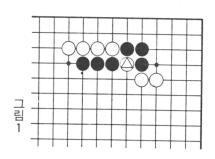

그림 1 △ 돌의 방해로 좌
우의 黑은 연결되지 않고 있
다.

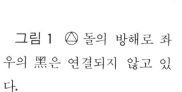

그림 2 그러나 자세히 보
면 黑은 1을 두어 白돌을 잡
을 수 있다. 잡은 다음의 모
양을 살펴보자.

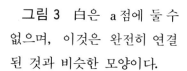

그림 3 白은 a점에 둘 수
없으며, 이것은 완전히 연결
된 것과 비슷한 모양이다.

그림 4 반대로 白1을 두
면 黑은 연결할 수 없다.

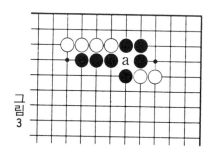

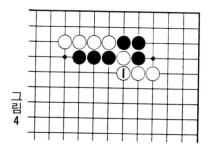

165

그림 5 白이 두느냐 黑이 두느냐에 따라서 상대의 연결을 절단하고 자기 돌을 연결할 수 있는 중요한 지점이 있다.

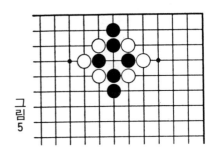

그림 5

그림 6 白이 둔다면 1의 점. 1수로 黑 2점을 잡을수 있다는 것에 주목하기 바란다. 이야말로 일석이조(一石二鳥)인 것이다.

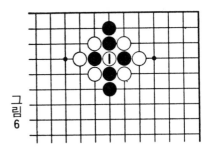

그림 6

그림 7 다음 모양은 이것. 白은 연결되어 있으며 黑은 상하로 절단되었다.

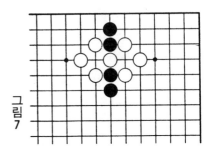

그림 7

그림 8 黑이 먼저 두어도 역시 1의 자리가 급소이다. 黑은 연결되고 白은 절단되었다.

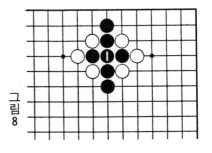

그림 8

166

언제라도
잡을 수 있다

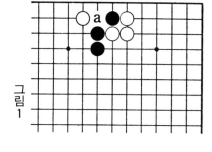

언제라도 잡을 수 있는
돌은 서둘러 급히 잡을
필요가 없다.

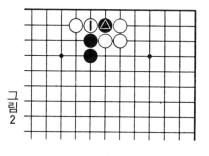

그림 1 黑 a 를 두면 좌우
의 白은 연결할 수 없는 모양
이다.

그림 2 白 1 을 두면 좌우
연결. 동시에 ●과 본대(本
隊)와의 연결을 방해하였다.
연결의 급소는 보통 겹치게 되
는 것이다.

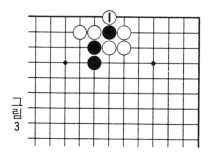

그림 3 언제라도 白 1 로 잡
을 수 있으므로 연결은 보장
되고 있다. 「언제라도」 잡을
수 있으므로 급히 서둘러 잡
을 필요가 없다.

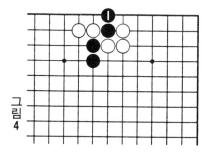

그림 4 黑 1 로 달아나도 소
용없는 것이다.

구조대

달아날 수 없는 돌이라
고 하더라도 구조대의 활
약으로 탈출할 수 있다.

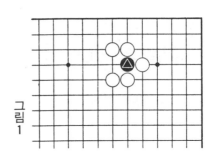

그림 1

그림 1 언제라도 잡을 수
있는 돌이란 달아날 수 없는
돌이다. ● 등이 좋은 예이다.

그림 2 黑 1로 나와도 白
2로 잡히는데 ──

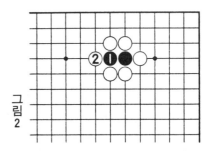

그림 3 그러나 ●까지 구
조대가 다가오면 희망이 생긴
다.

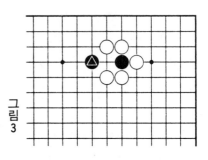

그림 4 黑 1로 모두 연결.
활로가 셋으로 늘어나 당분간
안전하다.
구조대가 어디까지 와있는
가를 파악하는 것이 「잡고」
「잡힌다」고 하는 경우와 관련
하여 매우 중요하다.

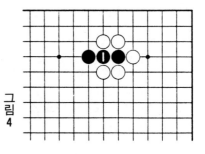

2. 끝선의 활용

끝선은 따분하다

끝선은 구조대가 접근하기 어려운 장소. 끝선으로 모는 것이 돌을 잡는 요령.

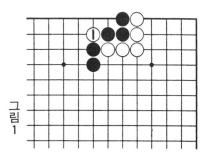

그림 1

그림 1 白1을 두면 黑 3점이 꼼짝할 수 없다. 1수로 3점이 부자유스럽게 되는 것은 黑돌이 끝선에 있었기 때문이다.

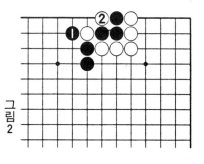

그림 2

그림 2 黑 1 로 단수하면 白 2 로 따낸다.

그림 3 黑 3점이 반상에서 사라져 버렸다.

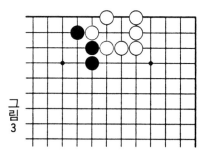

그림 3

끝선으로 몬다

끝선이 따분하다면 끝선으로 모는 것이 돌을 잡을 수 있는 최대의 요령이다.

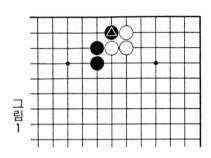

그림 1

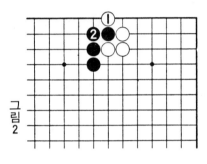

그림 1 白이 먼저 두고 ● 돌을 잡으려고 한다면 어떻게 하는가?

그림 2 白1의 단수에는 黑2로 연결한다.

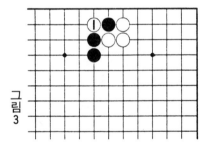

그림 3 白1로 연결을 절단하면서 단수를 거는 것이 옳은 수이다.

그림 4 계속해서 黑1로 달아나도 白2의 단수이다. 白2로써 a로 두어도 黑이 꼼짝할 수 없다고 하는 것은 이미 알고 있을 것이다.

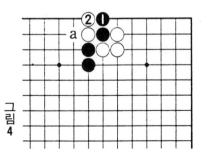

170

끝선의 공방

끝선에 두면 스스로 활로
를 잃게 된다.

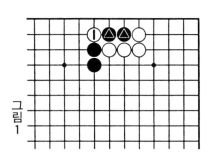

그림
1

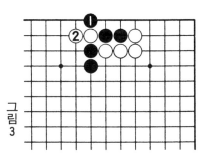

그림
2

그림 1   白 1 을 두고 ● 2
점과 본대와의 연결을 절단하
였다. 黑이 먼저 두고 연결을
부활시키는 방법이 있을까 ?

그림 2   黑 1 로 단수를 걸
며 白을 끝선으로 몰아붙인다.

그림 3   黑 1 로 단수를 걸
면 白 2 로 달아난다. 이것은
실패.

그림 4   앞의 그림 다음에
白은 언제라도 1 로 단수를
걸고 黑을 잡을 수 있다.

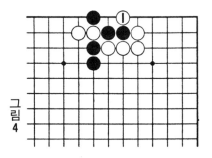

그림
3

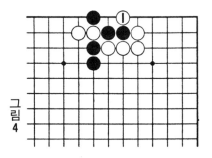

그림
4

그림 5 ●로 단수를 걸었으므로 白1로 달아난다. 黑은 어떻게 두면 白을 잡을 수 있는가?

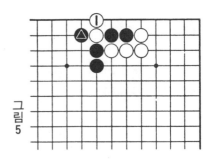

그림
5

그림 6 손을 빼고 다른 곳에 두면 白1로 먼저 단수를 걸어 반대로 ● 2점이 잡힌다.

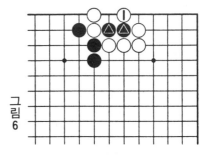

그림
6

그림 7 黑1의 단수는 악수. 스스로 따분한 모양을 만들기 때문이다. 끝선으로 모는 것은 상대를 따분한 모양으로 하기 위하여서이다. 자신이 끝선에 둘 때에도 주의하기 바란다.

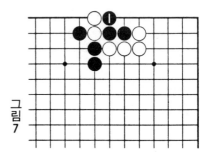

그림
7

그림 8 앞 그림의 모양에서는 즉시 白1로 잡힌다.

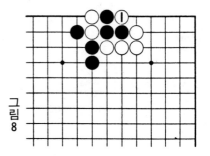

그림
8

그림 9 白1 로 달아났을 때
에는 黑2 로 바깥쪽에서부터
단수를 걸면 된다. 이것으로
白은 꼼짝할 수 없는 모양이
되고 黑은 언제라도 白 2 점
을 잡을 수 있다.

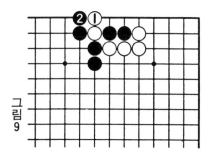

그림10 黑1 을 두고 白 2
점을 잡을 수 있지만 급히 잡
을 필요는 없다.

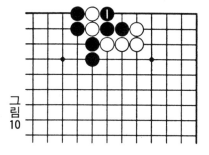

그림11 잡을 필요가 생기
는 것은 이와는 반대로 白1
로 단수를 걸었을 때 등. 黑
2 로 즉시 白 2 점을 잡을 수
있다.

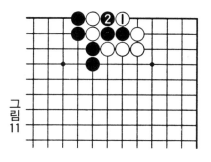

그림12 잡은 다음의 모양
이다.
상대를 끝선으로 몰면 잡을
수 있는 가능성이 높아진다.

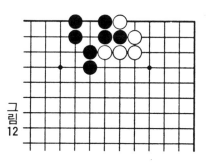

173

3. 돌을 잡는 기술

잡을 수 있는 돌

상대를 꼼짝할 수 없게
한다면 잡은 것과 별 차
이가 없는 효과를 거둘
수 있다.

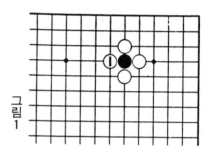

그림
1

그림 1 白1로 黑돌을 잡
을 수 있다.

그림 2 白1의 단수로 黑
은 달아나도 소용없다.

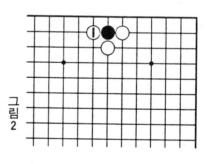

그림
2

그림 3 白1로 黑은 꼼짝
할 수 없다. 달아나도 소용없
는 돌은 언제라도 잡힌다고 하
는 뜻으로서 역시 「잡힌 돌」
인 것이다. 이를 구별하지 않
고 돌을 잡을 수 있는 기술을
소개하기로 한다.

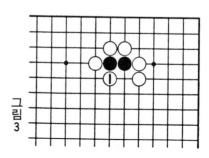

그림
3

174

양단수

양쪽 돌에 동시에 단수
를 걸면 어느 한쪽을 잡
을 수 있다.

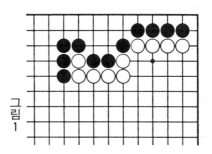

그림
1

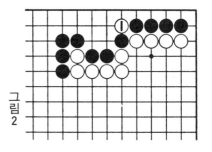

그림
2

그림 1 黑에는 중대한 약
점이 있다. 단, 白이 단수를
걸 수 있는 곳은 여러 자리가
있는데 옳은 수는 이 가운데
의 하나이다.

그림 2 우선 白1로 단수.

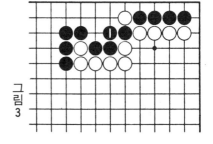

그림
3

그림 3 黑이 잠자코 있을
리 없으며 1로 연결한다.

그림 4 다시 한번 白1로
단수를 걸었지만 黑2로 연결
하여 숨이 막혔다.

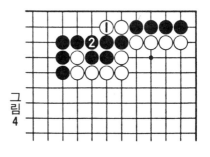

그림
4

175

그림 5 그러면 白1로 단수를 걸어 보기로 한다.

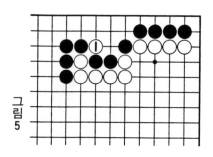

그림 6 黑은 1로 연결하고 오히려 白이 단수에 걸린다. 白은 2로 살아났다. 그러나 黑이 단수가 아니라고 안심하고 있으면 큰 사건이 벌어진다.

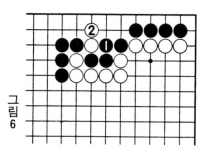

그림 7 黑이 손을 빼면 白 1로 黑 4점이 「달아날 수 없는 돌」이 되어 버리기 때문이다. 피해가 크다.

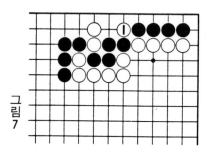

그림 8 따라서 黑은 그림 6에 이어 1로 지키지 않으면 안 된다. 그리고 이를 지키면 오히려 白 2점이 「달아날 수 없는 돌」이 된다.

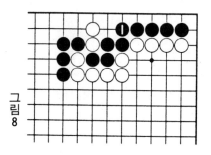

176

그림 9 白의 옳은 수는 1 의 「양단수」이다. 黑은 어느 한쪽이 잡히는 운명. 양쪽을 동시에 지킬 수 없다.

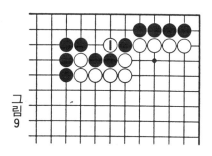

그림10 黑 1로 1점을 연결 하면 白 2로 2점을 잡는다.

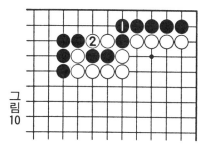

그림11 黑 1로 2점이 있 는 쪽을 연결한다면 白 2로 1 점을 잡을 수 있다. 다음에 어 떻게 되는가 하는 것은 별문 제이고 白은 정수를 두어 黑 돌을 잡으며 득을 보았다.

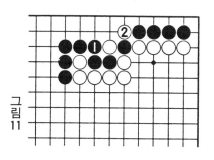

그림12 양단수를 막으려면 白의 약점을 노려 그곳에 黑 1을 두는 것이 제일이다. 다 른 방법은 더 연구하기로 하 자.

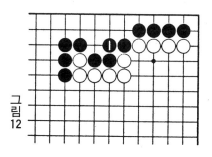

몰아 떨어뜨리기

단수를 걸고, 상대가 연결을 하면 더 크게 잡는 수.

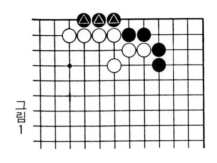

그림 1

그림 1 변의 ● 3점을 잡는 수가 있다. 어떻게 두어야 하는가?

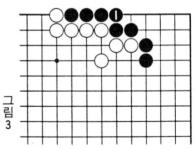

그림 2

그림 2 白1로 바깥쪽에서부터 단수를 건다.

그림 3 黑이 3점을 살리려고 한다면 1로 연결한다.

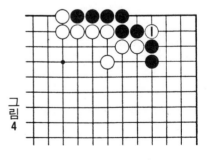

그림 3

그림 4 그러나 白1로 전체에 단수를 걸어 黑은 꼼짝할 수 없다.

黑은 그림2의 단계에서 3점을 체념하지 않으면 안 되었던 것이다.

그림 4

그림 5 白돌의 반을 잡는 수가 있다.

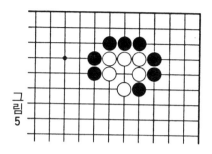

그림 6 黑1을 두고, 그림 2와 같은 요령의 「몰아 떨어뜨리기」이다. 黑1이 단수를 걸고 있는 것을 확인하기 바란다.

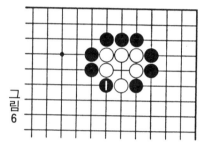

그림 7 단수를 손을 빼면 잡히고, 白1로 연결하여도 黑2로 크게 잡힌다. 몰아 떨어뜨리기에 걸리면 피해가 적을 때에 체념하는 것이 좋다.

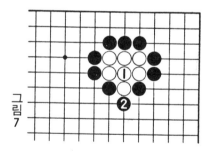

그림 8 몰아 떨어뜨리기를 하려는 측도 주위의 상황을 미리 잘 파악하지 않으면 안된다. 예를 들어 △이 있을 때에는 黑1로 단수를 걸어도 白2로 잡힌다면 소용이 없다.

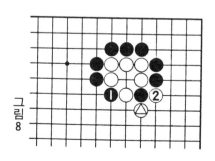

환 격

1점을 희생시키고 다음
순간에 모두 되잡는다.

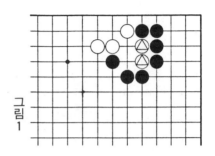

그림
1

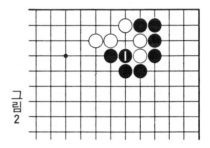

그림
2

그림 1　黑은 ◎2점을 잡
으려고 하는데 과연 어떤 방
법이 있는가?

그림 2　黑1로 단수를 걸
면 白에 탈출구를 제공한다.

그림 3　白1로연결하여白
돌은 일체가 되었다.

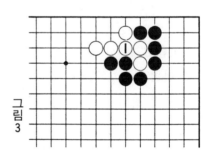

그림
3

그림 4　과감하게 黑1을 두
는 것이 묘수이다. 스스로 희
생을 하는 수로서 약간 까다
롭기는 하지만——

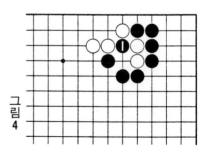

그림
4

그림 5 아니나 다를까, 白 1에게 1점을 빼앗겼다. 그러나 실망하면 안 된다.

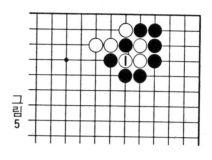

그림 6 잡힌 다음의 모양을 보면 다음의 1수는 분명하다.

그림 7 평소에는 둘 수 없는 장소이지만 상대의 돌을 잡을 때에는 둘 수 있다는 룰에 따라서 黑1을 두고 白 3점을 잡을 수 있다.

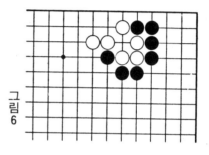

그림 8 잡은 다음의 모양이다. 결국 그림 4의 黑1을 둔 시점에서 白이 아무리 버둥거려도 2점을 구출할수 없다. 이것이 환격의 위력이다.

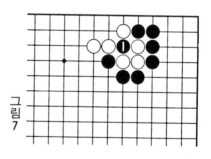

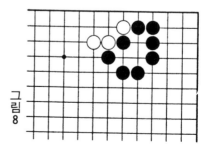

그림 9 黑돌이 흩어졌다.
이 위기를 극복하는 수단이 있
을까?

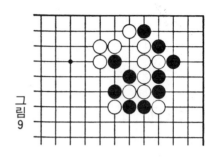

그림10 黑 1 로 환격이다.
白돌은 크고 黑의 모양은 약
점 투성이지만 이것으로 黑은
모든 돌이 연결되고 있는 것
이다. 白은 이미 체념하지 않
으면 안 되는 상태.
　확인해 보기로 하자.

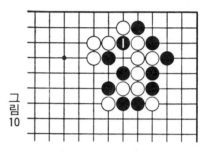

그림11 白은 단수에 걸려
있으므로 둔다고 하면 1로 黑
1 점을 잡을 수밖에 없다.

그림12 잡은 모양을 보면
반대로 黑에 단수를 걸고 역
습에 성공인가 하고 생각되지
만 이번에는 黑이 둘 차례이
다.

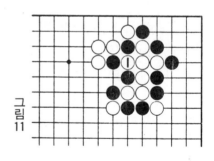

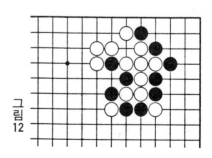

182

그림13 둘 수 없는 곳이라
도 잡을 때에는 둘 수 있다.
黑1로 白 7점을 잡을 수 있
는 것이다.

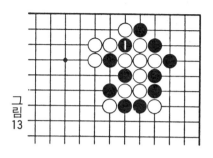

그림14 잡은 다음의 모양.
흩어져있던 黑돌이 상대의 돌
을 잡고 하나로 연결되었다.

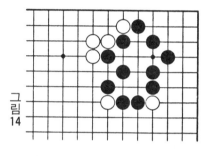

그림15 환격을 막으려면 이
의 원인을 白1로 지켜야 한
다.

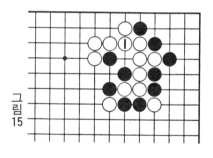

그림16 그러나 이 경우에
는 좀더 좋은 수가 있다. 白
1로 양단수를 걸거나 白 a 로
단수를 치거나 하여 환격을
방지하는 것이다.

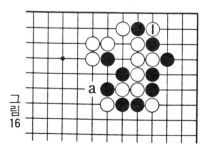

기술의 선택

돌을 잡는 방법은 한결 같이 똑같은 것이 아니 다. 어떻게 잡는가 하는 것이 기술이다.

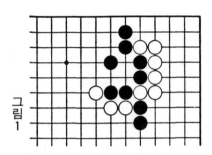

그림 1

그림 1 黑의 약점을 어떻 게 추궁할 것인가? 여러 가 지 방법이 있다.

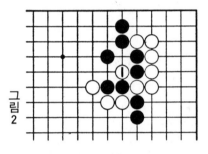

그림 2

그림 2 白1은 「양단수」이 다. 어느쪽을 잡힐 것인가 하 는 것은, 어느쪽을 살릴 것인 지 黑에게 선택권이 있다는 것이다.

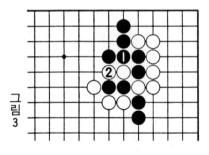

그림 3

그림 3 黑1로 두면 白2 로 2점을 잡는다.

그림 4 이 모양은 중앙의 白이 귀의 白과 연결하여 강 하여진 것이다. ● 2점은 매 우 영향력이 적은 상태이다.

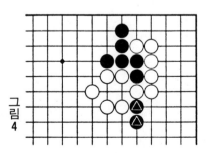

그림 4

184

그림 5 黑은 1로 2점을 구출할 것이다. 白2로 잡은 다음의 모양을 보면 그림3보다 유리하다는 것을 알 수 있다.

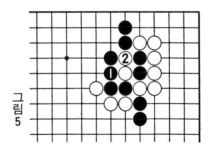

그림 6 중앙의 白은 귀의 白과 연결되어 있지 않다. 이것은 바로 중앙의 白을 잡을 가능성이 黑에게 있다는 것이 된다.

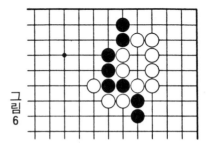

그림 7 여기서 연구해 낸 것이 白1의 「몰아 떨어뜨리기」이다. 이것은 강제적으로 ● 2점을 잡으려는 노림수이다.

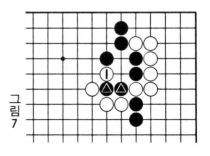

그림 8 黑1로 2점을 연결하면 白2로 모두 잡을 수 있다. 잡은 모양을 상상하여 보기 바란다.

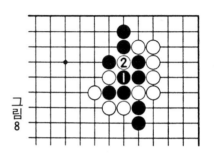

그림 9 黑1로 뿌리를 연결하려는 것은 다음에 중앙의 2점을 구출하려는 수이다.

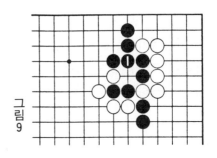

그림10 살릴 수 없다면 白1로 잡게 될 것이다. 이것으로 白은 희망하였던 그대로 그림 4의 모양이 되었다.

黑이 그림 9에서 1로 연결한 것에는 훌륭한 이유가 있다.

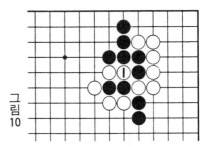

그림11 黑이 손을 빼고 白1로 잡는다면 黑2로 연결할 수 있다.

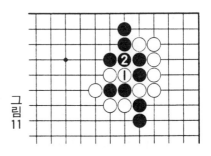

그림12 그러나 白1을 두면 「환격」으로서 黑 4점이 모두 잡힌다. 그림 9의 黑1은 이를 방지한 것이다.

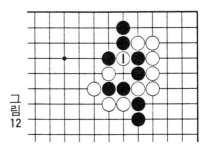

186

그림 13 잡는 방법에도 여러 가지가 있는 것처럼 이를 막는 방법도 여러 가지가 있다. 우선 생각할 수 있는 것이 양단수를 막는 黑 1 이다.

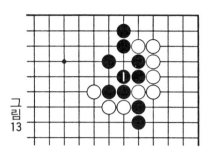

그림 14 몰아 떨어뜨리기를 방지하는 黑 1 도 유력하다.

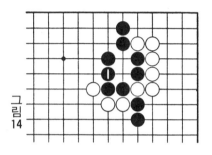

그림 15 黑 1 을 두면 양쪽의 2 점이 살 수 있다.

그림 16 단, 黑 1 은 안 된다. 白 a 의 양단수가 남았다.

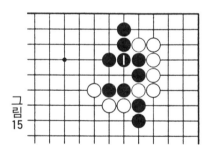

이와같이 여러 가지 연결 방법이 있다. 어떻게 연결하는가 하는 것은 어떻게 잡느냐 하는 것과 마찬가지로 기술 문제. 이 경우에는 그림 14가 최선이므로 좋은 수를 두어 보자.

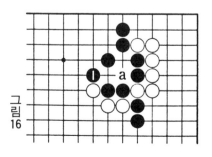

장 문

상대를 꼼짝 못하게 하
여 돌을 잡는 고등 기술.

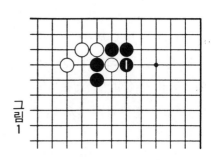

그림
1

그림 1 黑1의 단수이면
축. 축으로 돌을 잡는 방법을
제 1 장에서 배웠다.

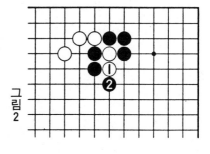

그림
2

그림 2 白1로 달아나도 黑
2로 단수하면 결국 끝선으로
쫓기게 된다.

그림 3 黑1로 축으로 몰
게 될른지도 모른다. 이것도
白이 달아나도 소용없는 모양
이다.

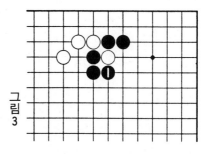

그림
3

그림 4 그러나 白돌이 ◎
자리에 있는 경우에 축으로 잡
을 수 있을 것인가? 이를 확
인해 보기로 하자.

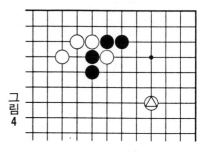

그림
4

그림 5   黑 1 의 단수에 白
은 2 로 달아난다.

그림 6   달아나는 돌의 코
에 黑 1 로 단수를 거는 것이
축의 요령. 白은 2 로 달아날
것이다. 돌을 키워서   잡히면
손해인데 白은 잡히지 않을
자신이 있는 것 같다.

그림 7   다시 黑 1 로 단수
를 두면 白 2 로 달아난다.

그림 8   다시 한번 黑 1 의
단수. 白 2 로 달아난 곳에서
결론이 나왔다.   白돌은 ⊘과
연결할 수 있는 것이다. ⊘과
같은 돌을 「축머리」라고 한다.

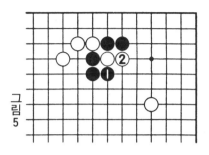

그림
5

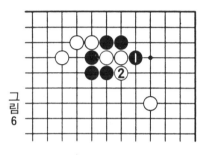

그림
6

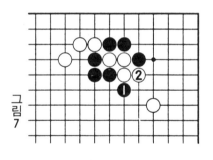

그림
7

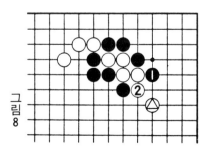

그림
8

그림 9 黑1로 단수를 걸어도 白2로 달아나며 결국 △에 연결된다.

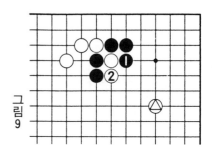

그림 9

그림10 그러면 어떻게 하는 것이 좋은가 하는 것에 대한 해답이 黑1의 장문이다. 白 1점은 이것으로 꼼짝할 수 없다.

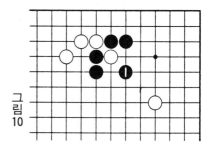

그림 10

그림11 白1로 달아나면 黑 2로 단수이다.

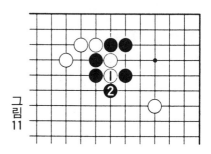

그림 11

그림12 白1로 달아나도 黑 2로 단수이다. 白이 달아나려고 한다면 ● 돌에 달라붙어야 하며, 이렇게 하면 활로를 잃고 끝선으로 몰렸을 때와 같이 괴로운 것이다. 구조대가 접근하지 않는 한 탈출 불능.

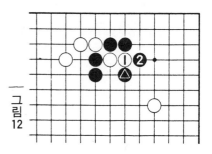

그림 12

큰 장문

장문의 큰 모양을 이렇
게 부른다.

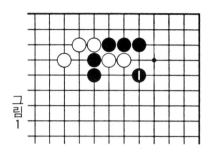

그림
1

그림 1 까다로운 장문의 예
를 한가지 들어보기로 한다.
黑1로 白 2점은 꼼짝할 수
없게 된다.

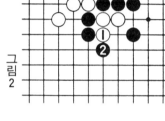

그림
2

그림 2 白1을 두면 黑2
로 눌러 탈출할 수 없다.

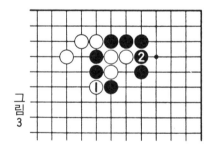

그림
3

그림 3 계속해서 白1이라
면 黑2로 단수를 걸고 이로
써 어떻게 두건 白은 잡힌다.

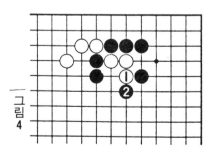

그림
4

그림 4 白1에는 黑2. 이
밖에는 어떤 수단으로도 달아
날 수 없다는 것을 확인하여
주기 바란다.

축의 불가사의

축은 간단하지만 축머리
란 참으로 알 수 없다.

축은 알 수 있지만 축머리는 착각하기 쉬우며, 심지어
프로도 얼핏 깨닫지 못하는 경우가 있다.

축이 나가는 방향으로 돌이 있으면 된다고 하는 것 뿐만
아니다. 그 모양에 따라서 축이 성립되지 않는 경우도 있
기 때문에 축은 하나 하나 착실하게 읽을 필요가 있는 것
이다.

白 a 가 성립될 수 있는지 없는지 실제로 두어 보는 것이
좋다.

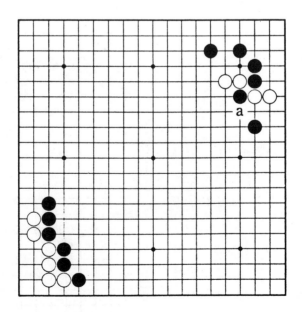

제 8 장 —— 연 결

　돌의 연결은 자기 돌을 잡
을 수 없는 모양으로 만들 뿐
아니라, 상대의 돌을 잡거나
「집」을 만드는 경우의 기반이
된다.
　반대로 상대의 돌을 절단하
면 이로써 유리한 싸움을 기
대할 수 있을 것이다.

1. 연결과 발전

연결의 조건

「보다 빠르게」라고 하는
발전은 「보다 견실하게」
라는 연결에 의하여 제
한된다.

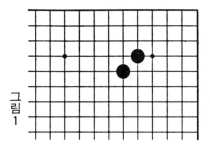

그림 1　중앙에서는 ㅁ자의
연결이 확실.

그림 2　변에 가까운 자리
에서는 1칸이 확실하다.

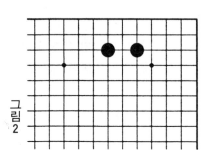

그림 3　끝선이 겹치고 있
는 귀에서는 日자 모양으로
연결할 수 있다는 것은 이미
잘 알고 있을 것이다. 日자의
연결을 다시 확인하여 주기
바란다.

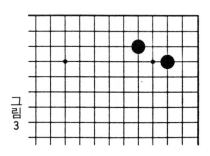

그림 4 白1이라면 黑2로
받는다. 白1로써 2의 자리
에 두어도 黑1로 연결할 수
있다는 것을 다음 그림에서 확
인하여 주기 바란다.

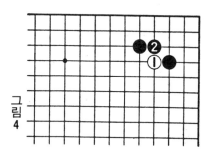

그림
4

그림 5 黑의 완전 연결을
방해하려면 앞의 그림에 이어
白3밖에 없으나 黑4로 단수
를 거는 것 등이 간명한 연결
법이다.

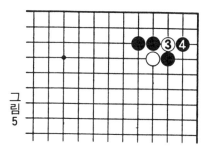

그림
5

그림 6 白5로 달아났을 때
에 黑6으로 약점을 지킨다.

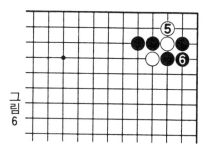

그림
6

그림 7 이 모양에서 △ 2
점은 「달아날 수 없는 돌」이
다. 주위의 상황이 변화하지
않는 한 「黑이 언제라도 잡
을 수 있는 돌」이며, 따라서
黑은 연결되어 있는 것과 같
다.

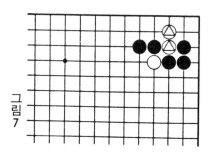

그림
7

끝선의 이용

끝선을 이용하면 기본연결에서 더욱 넓게 발전할 수 있다.

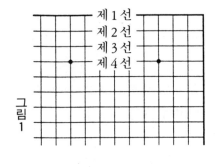

그림 1 우선 첫째로, 여러 가지 이용 가치가 있는 끝선에서부터 얼마나 떨어졌는가 하는 것을 표시한 명칭을 익혀 주기 바란다. 끝선이 제1선, 변에서 중앙으로 들어갈 때마다 수치가 증가하고 있는데, 끝선의 이용 가능성이 있는 것은 제4선까지이다.

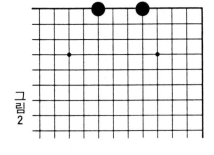

그림 2 제1선의 2칸. 연결되어 있다.

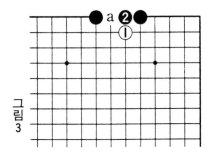

그림 3 白1이면 黑2. 白a는 단수의 장소로서 여기에 두면 잡힐 뿐이다.

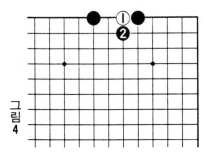

그림 4 白1이라면 黑2로써 白은 꼼짝할 수 없다.

196

그림 5 제 2 선의 2칸이다.

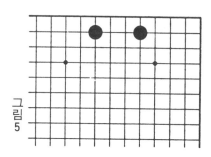

그림 6 白 1 이라면 黑 2. 이
다음에 白 a 에는 黑 b 로써 홀
륭하게 연결되어 있다.

그림 7 白 1 에는 黑 2.

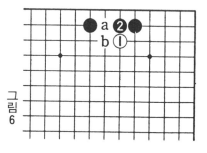

그림 8 계속해서 白 3 이라
면 黑 4 로 누르고, 이 白은 꼼
짝할 수 없다.

제 2 선끼리의 2칸의 발전
은 상대가 연결을 방해하여도
안전하다는 것을 알 수 있다.

이와같이 기본 연결보다도
넓고 안전한 경우가 있는데 이
경우에는 보다 크게 발전할 것
이다.

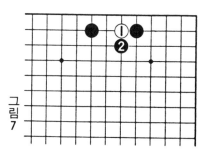

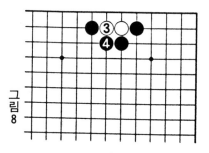

제3선의 2칸

제3선은 끝선을 잘 활용
하면 2칸으로 발전하여
도 안전하다.

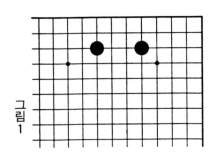

그림
1

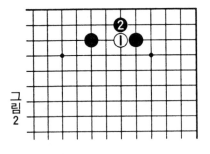

그림
2

그림 1 제3선의 2칸이다.
옆으로 발전할 때에는 「벌리
기」라는 용어를 사용하고 있
으므로 다음부터 이에 따르기
로 한다.

그림 2 白1에는 黑2가 확
실한 연결 방법이다.

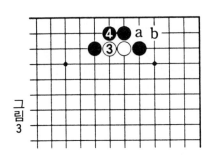

그림
3

그림 3 계속해서 白3이라
면 黑4. 다음에 白a에는 黑
b이다.

그림 4 문제는 白1을 두
었을 때이다. 냉정하게 대처
하지 않으면 白의 계략에 빠
진다. 우선 黑2를 둔다.

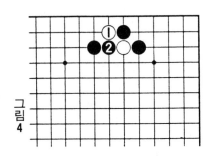

그림
4

그림 5 단수에 걸린 白은 3으로 달아나지만 이 때에는 黑4가 좋은 수이다. △의 돌은「달아날 수 없는 돌」이므로 이것으로 黑은 연결되고 있는 것이다.

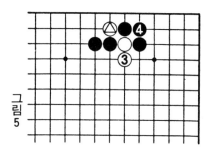

그림 6 白1일 때에 黑2로 단수를 걸고 싶지만 그것은 안 된다.

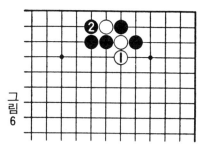

그림 7 白은 1점을 희생시키고 3으로 단수를 건다. 黑은 4로 잡을 수밖에 없는데

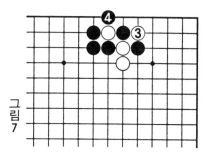

그림 8 계속해서 白5의 단수이면 ● 1점이 축으로 잡히고 있다는 것을 깨닫게 될 것이다. 연결이 끊긴 것이다.

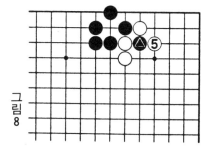

그림 9 제3선의 2칸벌리기에 대하여 그림 2의 白 1, 黑 2에 이어 白 3으로 노리는 수이다.

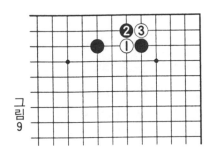

그림
9

그림 10 黑 4의 단수라면 1점을 희생하여 白 5로 단수를 거는 것이 좋은 수이다.

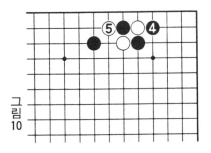

그림
10

그림 11 黑 6으로 잡게 하고 白 7로 연결한 순간에 黑의 연결이 절단되고 있다.

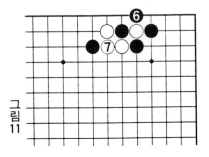

그림
11

그림 12 그림9의 白 1, 3에 대하여는 黑의 몇 가지 연결수단이 있다. 「손실이냐이득이냐」고 하는 전국적인 관점이 필요하게 될 것이다. 간단한 연결 방법의 하나는 黑 1로서, 白 a라면 黑 b이다.

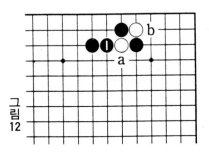

그림
12

그림13 黑1로도 연결되고
있다. 白2라면 黑3이 좋고
白2로써 3이라면 黑2이다.
黑1을 두고, 다음에 2의 자
리나 3의 자리에 반드시 두
는 경우, 「2와 3이 맞보기」
라고 한다.

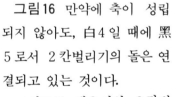

그림14 黑1로 단수를 거
는 것은 적극적인 연결 방법.

그림15 白2에는 黑3으로
서 축 모양이다.

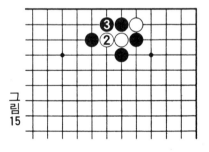

그림16 만약에 축이 성립
되지 않아도, 白4일 때에 黑
5로서 2칸벌리기의 돌은 연
결되고 있는 것이다.
그러므로 제3선의 2칸벌
리기는 돌의 발전의 기본형이
되고 있다.

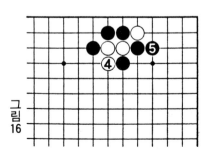

발전이란

귀의 日자나 변의 2칸벌
리기가 효과적의 발전법.

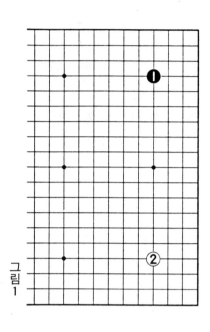

그림 1

　그림 1　바둑은 처음에 집
을 만들기 쉬운 귀에서부터 착
수한다. 다음 단계의 어디에
둘 것인가에 대하여는 "연결을
유지한 발전"이라고 하는 사
고 방식이 기본이 될 것이다.
가령, 黑1, 白2로 서로 화
점에 두었다고 가정한다.

　그림 2　黑1의 日자가 귀
에서의 견실한 발전 수단. 우
변에 관하여 말한다면 白도 2
로 日자로 발전한다는 것 등
이 黑의 우변 독점을 방해하
는 수단으로서 생각할 수 있
을 것이다.

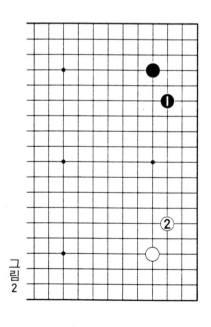

그림 2

202

그림 3 黑1의 2칸벌리기가 연결을 하면서 발전. 白도 2칸으로 벌리고 우변에서 진지를 구축하였다.

그러나 모든 바둑이 이처럼 부드럽게 진행된다고 할 수 없으며, 黑1로써는 白의 벌리기를 방해하고 2의 자리로 벌릴지도 모른다.

그림 4 黑은 처음부터 白의 우변 진출을 방해하며 1로 둘지도 모르고, 白도 黑의 우변 전개를 방해하며 2로써 3에 둘지도 모른다.

이 테에마는 뒤에서 자세히 설명한다. 여기서는 연결과 발전의 관련성만을 약간 다루었을 뿐이다.

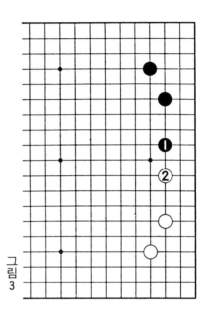

그림
3

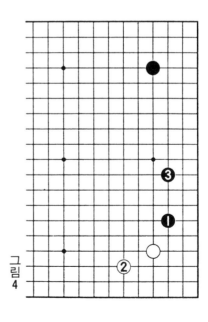

그림
4

2. 연결하는 기술

단 점

가장 직접적인 연결 방법은 「연결」이라고 불리우고 있다.

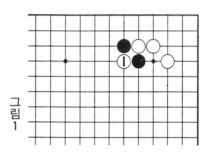

그림 1   白1을 두면, 이 돌을 잡지 않는 한 黑 2점은 연결할 수 없다.   더구나 쉽게 잡히지도 않는 모양이다.

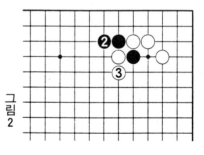

그림 2   黑2 라면 白3으로 축을 막고 이로써 연결은 안된다.

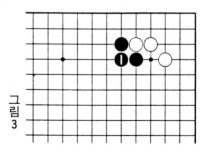

그림 3   黑 1 로 연결하면 완전무결하지만 ──

그림 4　黑 1 을 두어도 연결되고 있다. 그렇다면 a 점에 돌이 있는 것 보다도 1 의 방면으로 발전하고 있다고 하여도 과언이 아니다.

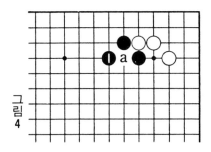

그림 5　白 1 을 두어도 黑 2 로 잡고 연결을 확보. 물론 白도 일부러 잡히지는 않을 것이다.

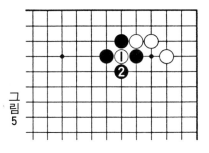

그림 6　白 1 은 분명히「절단하겠다」고 하는 수. 그러나 黑 2 로 견실하게 연결하고 있다. 이 黑 2 가「연결」, 그림 3 의 黑 1 도「연결」이다.

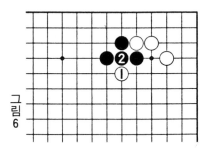

그림 7　黑 1 도 그림 4 의 黑 1 과 마찬가지로「호구치기」이다. 호구치기에는 두 방향이 있다는 사실에 주의하여 주기 바란다.

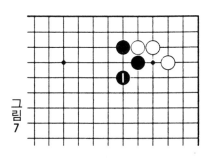

축을 이용한 연결 방법을 몇 가지 소개하기로 한다. 단, 축 조건이 악화되면 당장에 절단 당할 뿐만 아니라 아슬아슬한 연결 방법이므로 상대의 돌이 접근하고 있는 특수한 경우 이외에는 별로 두지 않는다.

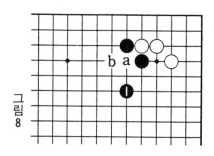

그림 8 黑1을 두고 白a 라면 黑b이다.

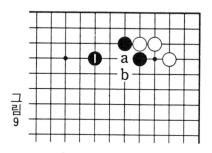

그림 9 黑1을 두고 白a 에는 黑b이다.

그림 10 결과적으로 연결하는 모양이 된다. 지금 黑1로 눌러도 白a로 절단할 수 없다.

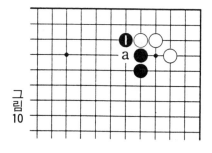

그림 11 黑1로 두어도 白 a로 절단할 수 없다.

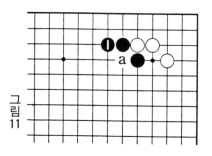

206

구 출

돌을 구출하는데도 여러 가지 기술이 있다.

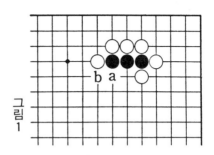

그림 1 黑 3점을 구출하려면 어떤 수단을 사용할 수 있을까? 방치하여 두면 白 a 나 b로 꼼짝할 수 없다.

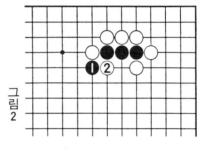

그림 2 黑1이라면 白2를 두고 잡는다.

그림 3 黑1에는 역시 白 2로 잡는다.

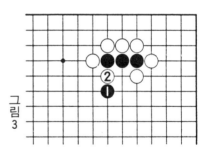

그림 4 黑1은 白2의 단수로 그대로 축으로 잡힐 것 같다.

이를 보아도 연결을 하면서 진출을 하는데는 적지 않은 기술이 필요하다는 것을 알 수 있다.

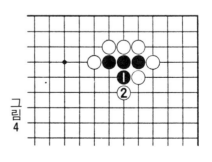

그림 5 黑1이라면 3점을 구출할 수 있다.

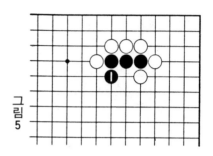

그림 6 그러나 한발이라도 빨리 안전 지대로도달하고 싶다는 의도에서 黑1로 보폭을 늘리는 수도 있다. 단, 단점이 있는 진출형(進出形)이므로 이를 어떻게 생각하느냐 하는 것이다.

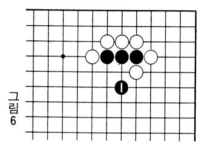

그림 7 白2로 나올지도 모른다. 단수이므로黑3으로 달아난다.

그림 8 다시 한번 白4로 단수를 걸었는데 黑5로 달아나 소용이 없다. ● 1점은 절단하였지만 黑a나 b의 단수가 권리가 되어 본대의 탈출이 편안하게 되었다. 이런 구출 방법도 있다.

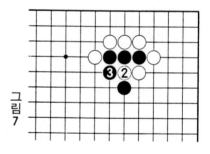

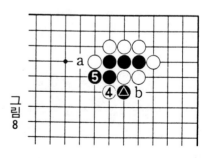

208

3. 연결의 방해

절 단

연결을 방해하는 가장 직접적인 수단은 단점을 절단하는 것이다.

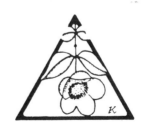

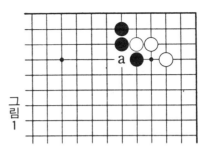

그림 1

그림 1 a와 같은 「단점」에 여러 가지 연결 방법이 있다는 것을 이미 알고 있을 것이다.

그림 2

그림 2 黑1 이외에 a b c 등.

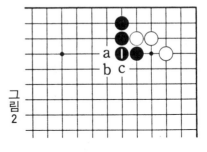

그림 3 그러나 절단을 하려면 白1 밖에 없다. 이것이 「연결」과 「절단」의 차이이다.

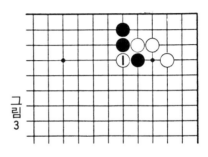

그림 3

그림 4　白 a의 절단이 성립할 수 있는가의 여부를 생각하여 보기로 하자.

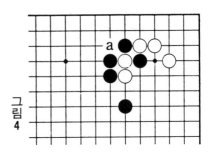

그림 5　白 1로 단수를 걸어 절단할 수 있지만 黑 2로 달아나면 그 다음이 좋지 않다는 것을 깨닫게 된다.

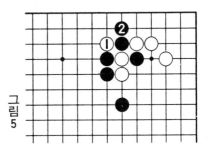

그림 6　白 3으로 누르고 黑 2점을 잡으려고 하여도 黑 4의 축으로 반대로 白 2점이 잡힌다.

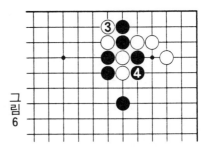

그림 7　따라서 白은 1로 축을 막을 수밖에 없으며 黑은 2로 단수를 걸어 연결하였다. 이와같이 절단할 수 있는 것같이 보이지만 절단할 수 없는 것도 있다.

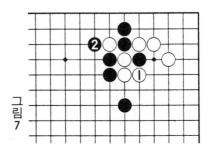

분 단

돌의 연결을 크게 절단
하는 것이 분단이다.

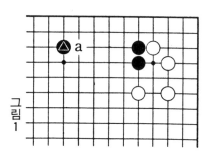

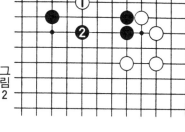

그림 1 ●이 a라면 「이립
삼전(二立三展)」으로서 연결
의 분단은 무리. 그러나 1 로
(路)가 넓은 이 모양이라면 白
에도 찬스가 있다.

그림 2 白 1 로 제2선에 침
입하면 黑 2 로 오히려 잡힐 것
같다.

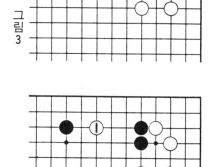

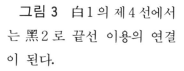

그림 3 白 1 의 제 4 선에서
는 黑 2 로 끝선 이용의 연결
이 된다.

그림 4 白1의 제3선이 이
런 분단의 급소가 된다.

차 단

상대의 침입이 지나칠
경우에 이를 응징하는
것이 차단.

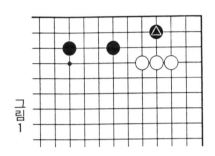

그림
1

그림 1 黑이 ❹로 침입하
였다.

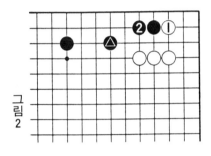

그림
2

그림 2 白1로 더 이상의
침투를 막으면 黑2. 이것으
로 ❹과 끝선 이용의 연결이
완성되었다.

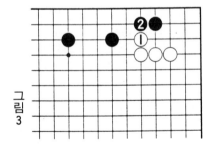

그림
3

그림 3 白1을 두면 黑2
로 받고, 이것으로는 연결을
차단할 수 없다.

그림 4 계속해서 白3을 두
어도 黑4로 절단하여 白3의
1점은 이미 「달아날 수 없는
돌」이다. 즉, 연결이다.

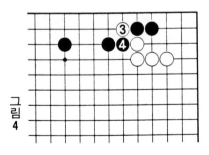

그림
4

212

그림 5 白1로 과감하게 나간다. 黑2로 두었을 때에 白은 어떻게 응수하는가? 白a면 黑b로 연결한다.

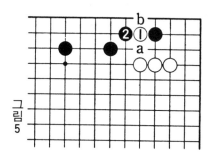

그림
5

그림 6 끝선에 접촉하는 것은 악수. 그러나 이 경우에는 白3이 호수가 된다. 연결을 절단하려면 黑4 이외에는 없지만

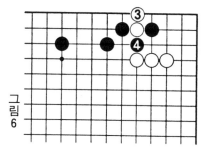

그림
6

그림 7 白5로 단수를 걸 수 있다. 黑은 6으로 연결할 수밖에 없다.

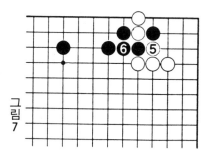

그림
7

그림 8 계속해서 白7로 몰면 ●은 꼼짝할 수 없다. 白은 黑을 응징했다.

차단도 분단도 절단과 같이 단순하지 않으며, 이후에도 어려운 싸움이 계속되고 있는 것이다.

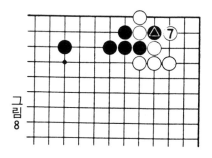

그림
8

연결과 절단의 맥

절단이나 연결도 실전에서는 여러 가지 케이스가 있다.

넓게 발전하다 보면 그만치 허점이 생긴다. 연결을 유지하면서 어디까지 발전할 수 있는가? 그리고 연결의 미비점을 어떻게 발견하는가 하는 것은 역시 「실력」의 문제. 바둑에는 여러 가지 싸움이 있는데 연결이나 절단이 그 가운데의 하나이다.

그림 1 白1로 붙이고 黑을 좌우로 분단시키려 하고 있다. 黑 a 라면 白 b, 黑 b 라면 白 a 로써 절단하고 있는 것같이 보이지만──

그림 2 그렇지만 黑에도 1의 수가 있어 이것으로 좌우가 연결되고 있다는 것을 확인하기 바란다. 이런 기술과 연관된 급소의 수를 「맥」이라고 부르고 있다.

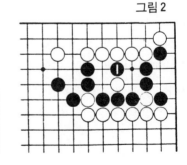

그림1 　　　　　　　　 그림2

제 9 장 —— 돌의 생과 사

바둑의 승부는 집의 대소로
결정되지만 바둑의 진행은 돌
의 사활과 관련된 싸움이다.
「집」이란 살아 있는 돌로 둘러
싼 교차점. 되도록 크게 차지
하고 사는 것이 바둑에 이기
기 위한 기술이다.
　잡히지는 않지만 집이 없다
는 모양에 빅이 있다는 사실
에 주의하여 주기 바란다.

1. 2눈으로 산다

사활의 전제

돌의 사활이 문제가 되
는 것은 독립한 돌의 경
우.

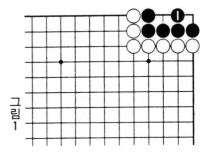

그림 1 黑1로 이 돌의 일
단은 살아 있다.

그림 2 바깥쪽에 상대의 돌
이 밀착해 있지 않아도 이와
는 관계없이 黑1로 살고 있
다.

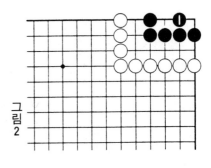

그림 3   마찬가지로 바깥쪽
에 활로가 있을지라도 완전히
둘러싸여 있는 돌은 白1로 죽
어 있다는 것을 전제로 하여
주기 바란다.

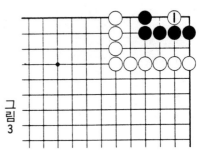

그림 4 귀의 黑은 과연 살아 있는가? 귀만을 생각한다면 白이 잡을 수 있을 것 같다.

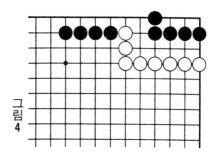

그림 4

그림 5 그러나 白1로 黑의 눈을 빼앗는 순간에 黑2로 상변을 연결하면 이제는 잡을 수 없다.

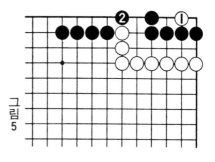

그림 5

그림 6 ▲은 끝선을 이용한 교묘한 연결법으로서 白1이라면 黑2로 잡는다.

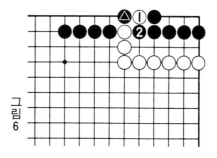

그림 6

그림 7 白1로 연결을 방해하면 黑은 2눈을 만들고 산다. 白이 연결을 방해하는 수단은 1에 한하지 않을 뿐 아니라 a b c 등도 생각할 수 있는데 黑이 2로 2눈으로 살 수 있다는 것에는 변함이 없다.

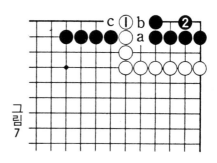

그림 7

그림 8 白이 두면 이 黑이 살 수 있을 것인가? 그림 4와 조건이 약간 다르다는 것에 주의하여 주기 바란다.

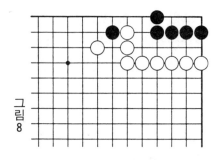

그림 8

그림 9 白 1로 눈을 빼앗아 黑은 죽어 있다. 黑 2로 탈출하여도 잠시뿐, 白 3으로 다시 白에 포위당한다.

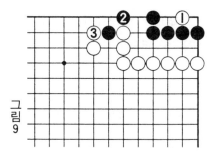

그림 9

그림 10 白 1일 때 黑 2라면 새삼 白 3으로 절단하고 귀의 黑을 단독의 모양으로 만든다.

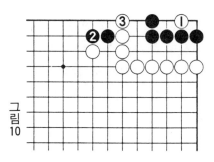

그림 10

그림 11 白 1과 바깥쪽에만 신경을 쓰면 黑 2를 두고 산다.

활로가 있지만 돌의 사활과는 관계가 없다. 독립된 돌이 사활 문제의 대상이 된다.

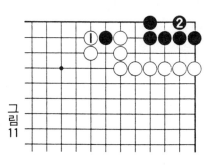

그림 11

분할과 단독

2눈으로 사는데 있어서
는 눈 모양의 분할과 단
독 작성의 2가지가 있다.

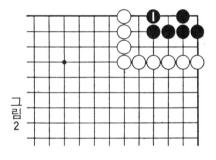

그림
1

그림 1   黑1로 넓은 장소
를 둘로 나누어서 살 수 있는
경우가 있다.

그림 2   한편, 이미 1눈이
있을 때에 다른 1눈을 黑1
로 만들어서 살 수 있는 경우
가 있다.

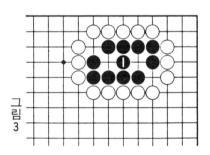

그림
2

그림 3 중앙에서 2집을 만
들고 산다.

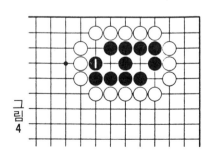

그림
3

그림 4   중앙에 집을 따로
따로 만들어 살 수 있다.

어째서 이 두 가지 예를 들
었는가 하면 이 두 모양의 살
고 있는 수단이 각각 다르기
때문이다.

그림
4

끝선의 이용

기본으로 돌아와서, 1눈
을 만드는 경우의 「장소」
를 생각해 본다.

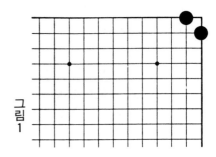

그림 1

그림 1 끝선이 겹치고 있
는 귀는 2 점만으로 집을 만
들 수 있다.

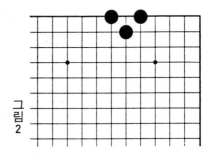

그림 2

그림 2 끝선에서는 3 점이
필요하다.

그림 3 중앙에서는 4 점이
필요. 그러나 이것은 「돌을 잡
을 때」에 필요한 돌의 수이며,
눈에 대해서 말한다면 1 눈의
기초에 지나지 않는다.

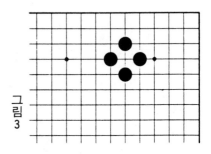

그림 3

그림 4 정확하게 말한다면
그림 1 에서는 또 1 수, 黑1
이 있으므로서 비로서 「눈」으
로서의 기능을 발휘할 수 있
다. 이곳을 오해하지 말기를

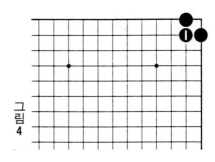

그림 4

그림 5 눈을 만드는 것은 한가지 방법뿐만이 아니고,⬣에서 黑 1 을 두어도 눈, 黑 1 에서 a 로 두어도 눈이 된다.

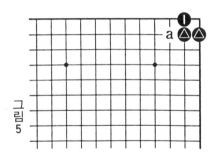

그림
5

그림 6 변에서는 기본형에서 黑 1 을 두어도 아직은 눈이 된 것이 아니다.

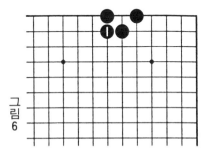

그림
6

그림 7 黑 2 를 두어야 비로소 눈이다. 기본형에서 2 수를 두면 비로소 눈이 된다. 이 「눈」의 구조를 얼마나 깊이 알고 있느냐 하는 것이 실제의 사활에 크게 영향을 미치고 있는 것이다. 모든 것은 기본이 중요하다.

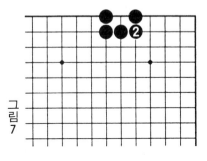

그림
7

그림 8 중앙의 눈은 수가 많이 걸리며 기본형에서 黑 1 로 1 수를 둔 것은 어쩐지 이상한 것 같다.

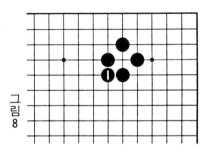

그림
8

그림 9 黑 2로 1수를 더
두어도 아직 완전한 눈 모양
이 아니다.

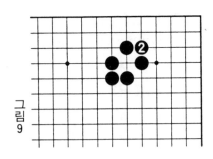

그림 9

그림 10 黑 2를 두어도 눈
모양이 미비하다는 것에는 다
를 바 없다. a와 b에 白돌
을 두면 黑은「옥집」이 된다.

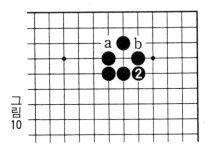

그림 10

그림 11 黑 3으로 완전한 눈
모양. 기본형에서 3수를 더
두었다.

그림 12 黑 4는 필요없다.

귀의 눈은 기본형 2수 플
러스 1수, 변의 눈은 기본형
3수 플러스 2수, 중앙의 눈
은 기본형 4수 플러스 3수
가 완전한 눈 모양을 만드는
데 필요하다. 이 기초 지식을
이해하여 주기 바란다.

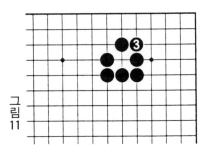

그림 11

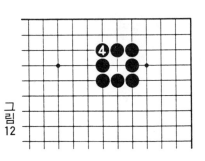

그림 12

먹여치기와 옥집

1눈을 빼앗는 방법에 먹여치기와 옥집이라는 것이 있다.

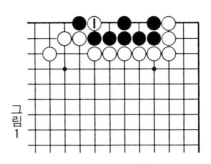

그림
1

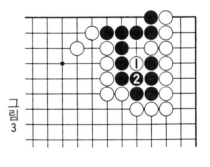

그림
2

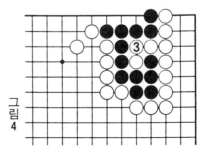

그림
3

그림 1   白1의 먹여치기로서, 黑에 1눈밖에 없다는 것을 앞에서 배웠다.   이것으로 黑 전체가 죽었다.

그림 2   白1로 이黑이 죽었다는 것을 쉽게 알 수 있을 것이다.

그림 3   白1로 단수를 걸고 ──

그림 4   白3으로 연결해서 잡는 수단도 있지만 이것은 묘수라고 할 수 없다.

그림
4

그림 5 白이 이 黑을 잡을 수 있을까? 먹여치기의 수단을 사용하면 가능하다.

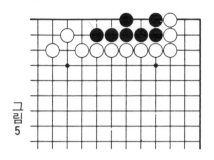

그림 6 白1을 두면 黑2로 산다. 白1로써 a에 두어도 黑2로 살 수 있다는 것은 마찬가지이다.

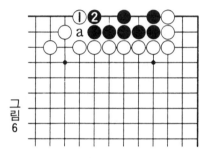

그림 7 白1의 점까지 나갈 용기가 있는지 없는지? 黑2의 단수로 당장에 잡힐 것 같은데——. 黑2로써 a에 두면 白2로 1점을 구출할 수 있다.

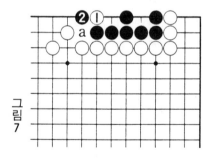

그림 8 앞의 그림에 이어 白3을 두어 결과적으로 먹여치기 모양이 되었다. 이것으로 黑이 죽는다는 것은 말할 필요가 없다.

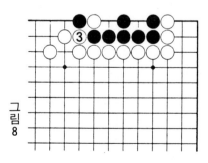

224

그림 9 이 黑을 잡을 수 있는가? 먹여치기의 수단을 응용하면 간단한다.

그림10 白1로 나온다. 黑2로 받았는데 여기서 체념하면 안 된다.

그림11 白3으로 옥집을 만들면 중앙의 黑의 눈이 없어진다. 매우 간단한 수인데 실전에서는 뜻밖에 활용하지 못하는 경우가 있다.

그림12 黑1을 두면 黑이 살 수 있다. 그러나 a나 b에 黑1을 두어도 살 수 있다.

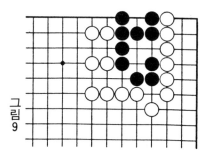

그림9

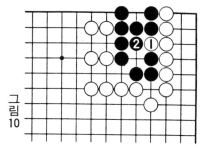

그림10

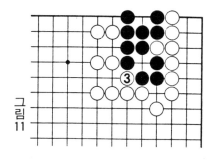

그림11

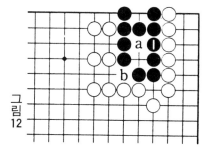

그림12

그림 13 먹여치기와 옥집으로 黑을 잡을 수 있다. 白으로 黑을 잡아보기 바란다.

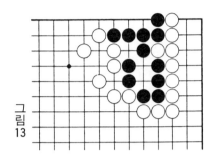

그림 13

그림 14 白1을 두어도 黑 2로 연결하여 눈을 확보한다. 상변에도 눈이 있어 黑은 살 수 있다.

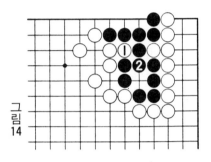

그림 14

그림 15 白1로 희생타를 친다. 黑은 2로 잡을 수밖에 없다.

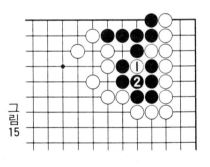

그림 15

그림 16 앞의 그림에 이어 白3을 두면 중앙의 눈이 옥집이 된다. 이것으로 黑 전체가 죽는다.

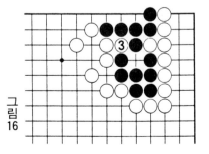

그림 16

2. 넓게 산다

넓이와 결함

영토가 넓으면 언제라도
2눈을 만들 수 있다.

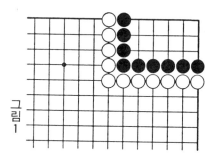

그림 1   귀의 黑은 살아 있
다. 白이 공격하여도 언제라
도 2 눈을 만들 수 있다. 그러
므로 당장에 만들 필요는 없
다.

그림 2   단, 내벽에 결함이
있으면 위험. 이 모양에서는
黑 a 로 지키는 것이 필요하다.

그림 3   이 모양도 黑 a 로
지키는 것이 필요하다.

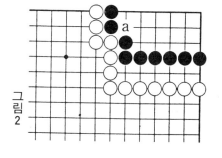

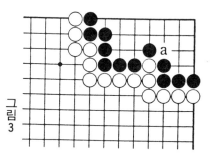

4집의 궁도

넓이가 4집인 모양은 사활의 확률이 반 반이다.

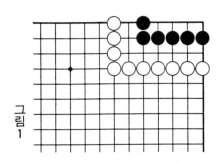

그림
1

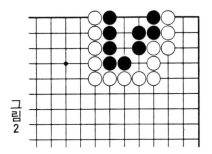

그림
2

그림 1 4집의 「직4(直四)」 모양은 살고 있다.

그림 2 「곡4 (曲四)」도 결함이 없으면 살 수 있다.

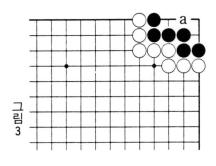

그림
3

그림 3 단, 귀의 경우에는 문제가 있다. 이 黑은 白 a 를 두면 살 수 없다. 제5장에서 자세히 설명하기로 한다.

그림 4 이 모양이라면 살수 있다. 어디가 다른지 알아 보자.

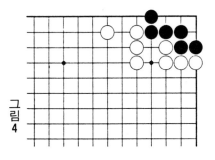

그림
4

228

그림 5 두 번 꼬부라진 4집 모양이다. 「직4」나 「곡4」와 같이 4집으로 살아 있는 모양 가운데 하나이다.

그림 6 白1이라면 黑2, 白1로써 2라면 黑1로, 비록 상대가 공격해 와도 2눈을 만들 수 있다. 물론 그대로 살수 있다. 상대가 공격하지 않는데 미리 집을 만들 필요는 없다.

그림 7 단, 결함이 있다면 별문제이다. 이 모양은 白이 공격하면 죽는다.

그림 8 白1이다. 따라서 黑은 이에 앞서 1 혹은 a로 지키지 않으면 안 된다.

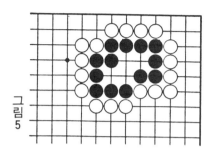

그림 5

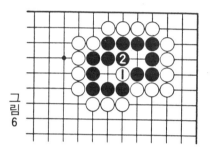

그림 6

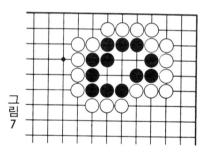

그림 7

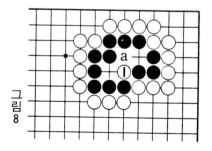

그림 8

그림 9   포위당한 안쪽의 활로를 「궁도」라고 부르고 있는데 이 궁도가 4 집이라고 하더라도 살 수 없는 모양이 있다. 이 모양은 누가 먼저 선착할 것인가에 따라서 생사가 갈린다.

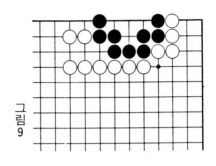

그림 9

그림 10   黑 1 을 두면 살 수 있다.

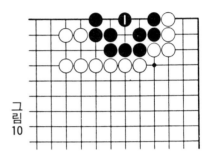

그림 10

그림 11   白 1 을 두면 죽는다. 이와같이 적진 안에 두고 눈 모양을 빼앗는 수를 「치중」이라고 부른다. 넓게 차지하며 살려고 할 때에는 치중에 주의하지 않으면 안 된다.

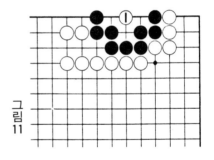

그림 11

그림 12   역시 「4 집」이다. 이 모양은 黑이 먼저 두어도 살 수 없다.

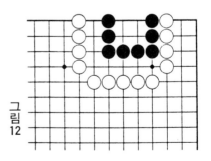

그림 12

치 중

치중은 매서운 수이므로 주의하지 않으면 안 된다.

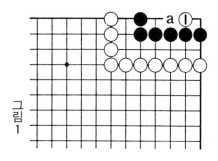

그림 1

그림 2

그림 1 4 집의 궁도. 白 1 에 대하여 黑 a 로 눈 모양을 완성하지 않으면 白 a 로 죽는다.

그림 2 白이 이 黑을 잡을 수 있을 것인가?

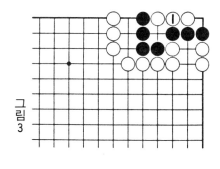

그림 3

그림 3 白 1 로 죽는다.

그림 4 장래에 △을 두면 黑이 단수가 되어 a 로 연결하지 않으면 안 된다. 결국, 白 3 점을 잡아야 하는데, 이 것은 「3 집 치중」으로 죽은 모양이다.

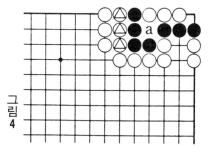

그림 4

그림 5 넓게 살려고 할 때에는 치중에 주의. 白1을 두면 黑은 어떻게 지킬 것인가?

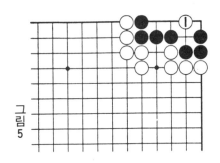

그림 6 실수를 하여 黑1을 두면 白2로 죽는다.

그림 7 黑1로 눈 모양을 만들고 산다. a의 약점이 다소 마음에 걸리지만──

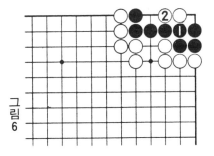

그림 8 白1이라면 黑2로 잡을 수 있으므로 「호구치기」와 같은 원리로 약점을 지키게 된다.

이와같이 궁도를 둘러싼 공방전은 절대로 방심할 수 없다. 궁도가 넓어지면 더욱 어려워진다.

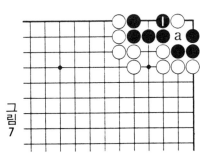

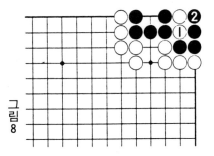

5집의 궁도

궁도가 5집인 경우에는
치중의 모양이 될 수 있
다.

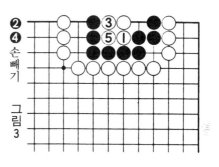

그림
1

그림
2

그림 1 「4집」에서 1로
(路) 넓어진 이 모양은 눈모
양을 만드는데 있어서 매우 비
능률적이다.

그림 2 白1을 두면 이미
黑의 죽엄은 확정되어 있다.

그림 3 다시 1수를 두면
불필요한 4수가 되는데 그럴
필요는 없다.

그림 4 치중의 시발점은 한
자리뿐이다. 白1이면 黑2로
살 수 있다.

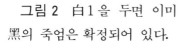

손
빼
기

그림
3

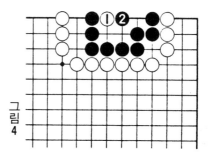

그림
4

그림 5 중앙의 궁도인 「5 집」의 모양. 이것도 잡히는 모양이다.

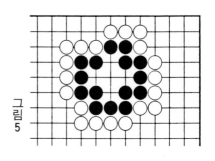

그림 5

그림 6 白1이 치중수. 黑이 1의 자리에 두면 살 수 있다. 이곳이 급소이다.

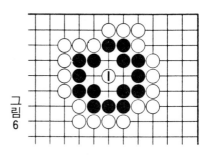

그림 6

그림 7 궁도의 넓이는 결함이 없어야 하는 것이 원칙. 이 모양에는 결함이 있으므로 진정한 5집 모양이라고 할 수 없다. 따라서 白이 공격하면 죽는다.

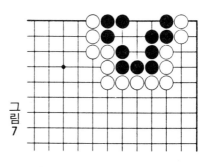

그림 7

그림 8 白1로 단수를 걸고 黑2일 때에 白3을 두면 죽는다. 黑의 궁도는 4집이 감소되고 있다.

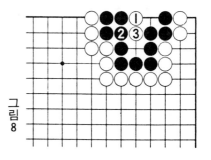

그림 8

그림 9 결함이 없이 그림 1과 그림 5 이외의 모양에서, 장소가 귀가 아니라면 5집의 궁도는 살 수 있는 조건이 된다. 장소가 귀인 경우에는 사활의 모양이 달라지는 경우가 있다. 이 모양은 물론 살 수 있다.

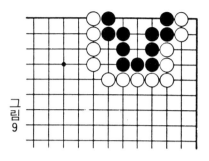

그림
9

그림 10 치중으로 잡을 가능성이 있다면 白1이다.

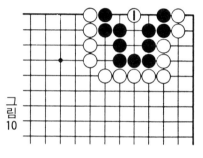

그림
10

그림 11 그러나 黑1을 두어 집을 두 자리로 분할할 수 있다. 다른 궁드의 5집 모양도 모두가 이에 준하여 살아 있는 구조가 된다.

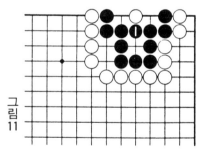

그림
11

그림 12 그림10의 상태 그대로 손을 빼면 白1의 치중으로 죽는다. 죽고 살고는 종이 한장 차이이다.

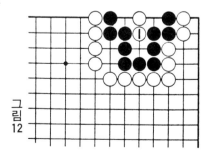

그림
12

3. 빅

빅의 원리

양쪽에서 손을 델 수 없
는 것이 빅.

그림
1

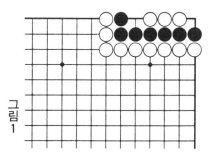

그림
2

그림 1 이 黑은 이대로는
잡을 수 없다. 黑이 白 3점
도 그대로 잡을 수 없다.

그림 2 白1을 두고 黑2
로 잡게 하면 치중하여 잡을
수 있는지 ──

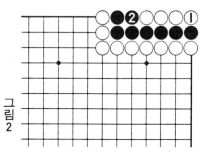

그림
3

그림 3 「직 4」의 모양으로
산다. 즉, 白도 그림1의 상
태 그대로가 좋은 것이다.

236

그림 4 바깥쪽에 활로가 있
다고 하더라도 사활 문제인
「빅」과는 관계가 없다. 그림1
의 상태와 마찬가지로 서로
가 둘 수 없는 모양인 것이다.

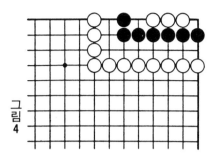

그림
4

그림 5 白1을 두어도 黑
2 로 「직 4」의 모양으로 살
수 있다는 것을 그림3에서 확
인하였다. 黑은 언제라도 잡
을 수 있으므로 지금 당장에
2 로 잡지 않을 것이다.

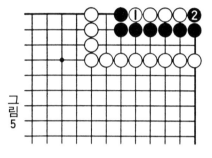

그림
5

그림 6 바깥쪽에 활로가 있
는 경우에는 상대에게 잡힐 걱
정없이 黑1 로 둔다. 다시 언
제라도 黑 a 를 둘 수 있다.

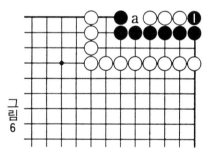

그림
6

그림 7 그러나 白1 의 치
중으로 죽는다. 즉, 앞 그림
의 黑1 을 둔 순간에 黑은 죽
어 있는 것이다.

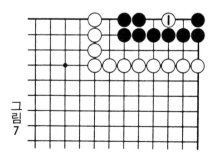

그림
7

되는 모양 · 안 되는 모양

빅의 조건은 모양과 넓이와 결함의 유무 그리고 장소와도 관계하고 있다.

그림 1

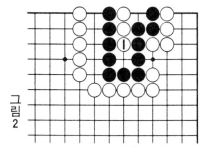

그림 2

그림 1 이 모양은 黑이 방치하고 있어도 빅. 적어도 잡히지 않는다.

그림 2 白1을 두어도 빅이다.

그림 3 그러나 △ 자리가 비어 있는 이 모양에서는 黑 a를 두어 2눈을 만들고 살지 않으면 안 된다.

그림 3

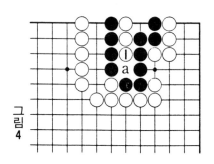

그림 4

그림 4 白1을 두면 살 수 없기 때문이다. 이 모양은 나중에 黑 a를 두어야 하므로 죽게 되는 것이다.

238

그림5 이 모양도 빅. 白이 두어도 「곡4」밖에 되지 않는다.

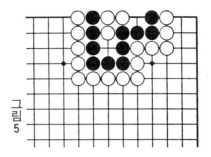

그림6 그러나 장소가 귀인 경우에는 「귀의 곡4」라고 불리우며, 이것은 빅이 아니라 죽은 모양이다.

어려운 문제는 있지만 이 모양과 다음의 그림7, 그림8의 모양은 무조건 죽은 모양이라고 알고 있으면 된다.

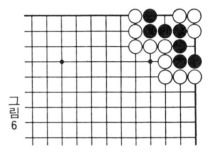

그림7 白은 언제라도 a에 두고 黑은 a에 두지 않으므로 앞의 그림과 같은 모양이 된다.

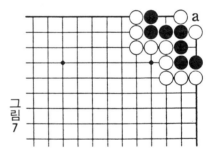

그림8 이것도 「귀의 곡4」이다. 그러나 「위기규약(圍基規約)」에 의하여 빅도 패도 아니다.

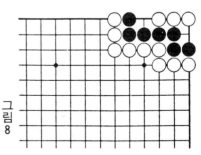

빅의 기술

궁도가 넓고, 모양에는 요철(凸凹)이 많아야 하는 것이 빅의 요령.

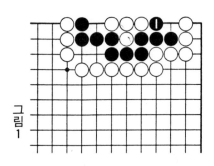

그림 1

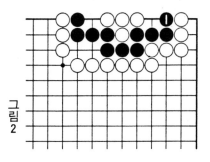

그림 2

그림 1 黑1이면 죽는다. 확인할 필요도 없다.

그림 2 黑1로 궁도를 넓히면 빅. 그림1과 같이 단수를 거는 것만이 능사가 아니다.

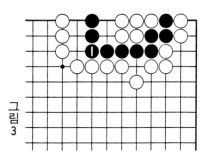

그림 3

그림 3 黑1의 점이 빅이 될 수 있는 급소이다.

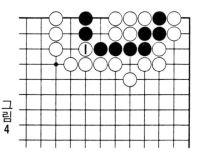

그림 4

그림 4 반대로 白1을 두면 결국 치중으로 잡힌다는 것을 확인하여 주기 바란다.

그림 5 빅은 넓이 이외에 모양에도 급소가 있다. 이 모양의 급소는 어디인가?

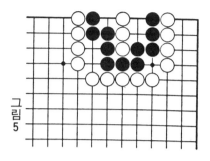

그림 6 白이 두면 1로 둔다. 장래에 다시 白 a를 두고 잡는 모양을 상상하여 보기 바란다. 그러나 그렇게 두지 않아도 이대로 黑은 죽어 있다.

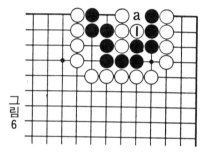

그림 7 黑이 둔다면 1. 이것으로 白이 어떻게 두어도 곡 4로 살 수 있는 빅이 확정되었다.

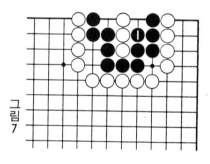

그림 8 실수를 하여 黑 1을 두면 그대로 죽는다. 넓이와 모양이 미묘하게 연결되고 있다.

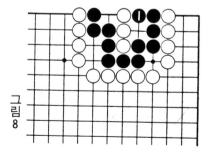

4. 사석과 집

사석 처리

죽은 돌은 잡아 낼 필요
가 없이 종국 후에 반상
에서 따낸다.

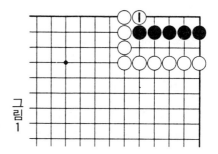

그림 1　白1이면 잡을 수
있다.

그림 2　黑1을 두어도 白
2로 마찬가지이다.

그림 3　물론 포위하고 있
는 돌이 살아 있다는 것이 전
제이다. 이런 경우에는 결국
바둑이 끝난 다음, 白은
a b 등을 두어 黑을 잡을 필
요는 없다.

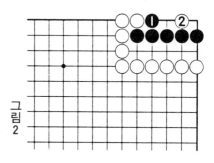

그림 4　그림 1 의 상태라면, 黑 5 점을 반상에서 따내고 黑 집을 메꾸는데 사용한다는 것을 앞에서 이미 배웠을 것이다.

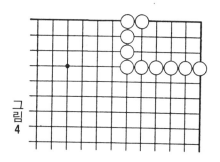

그림 5　그림 2 의 상태에서라면 黑 6 점을 따내고 이 모양이 된다.

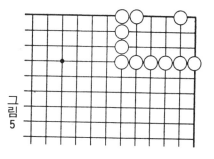

그림 6　白1 을 두어 이 黑이 죽었다.

그림 7　黑 1 로 잡아도 죽는다. 상대의 돌을 잡는 것이기 때문에 黑 1 로 잡는 수가 득이라고 생각하는 것은 큰 잘못. △의 돌은 白집을 메꾸기 위하여 △자리로 되돌아왔으므로 黑1 을 두고 종국 후에 따내는 돌을 증가시킨 것만큼 黑의 손해이다.

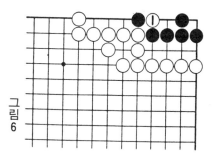

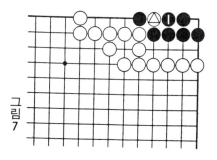

243

계 가

잡은 돌을 2배로 하여 계
산한다.

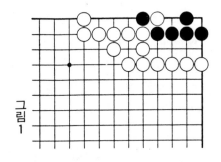

그림 1 黑은 죽어 있다. 白
의 영토는 몇 집으로 보는 것
이 좋은가?

그림 2 종국 후, 黑돌을 그
대로 따낸다면 白집은 16집.
따낸 黑돌은 黑집을 메꾸는데
사용하므로 상대의 집 마이너
스 6집. 상대의 마이너스는
자신의 플러스로서 白집은 총
22집이다.

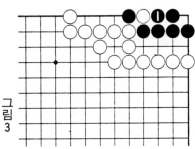

그림 3 黑1을 두면 손해
이다.

그림 4 白집이 17집. 따낸
黑돌이 7점이고 白돌이 1점
이므로 白집이 23집이 된다.

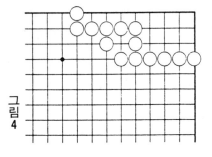

244

그림 5 반대로 그림 1에서
白1로 잡는 것도 손해이다.

그림 6 白집 15집, 따낼
黑돌은 5점, 따낸 黑돌이 1,
합계 21집이다. 그림 1의 상
태로 그대로 종국을 하면 22
집이던 白집이 1집 감소된
것이다.

그림 7 죽은 돌이 혹시 살
아나지 않을까 하고 자기 돌
을 두는 것은, 상대가 손을 빼
면 죽는다. 黑1을 두고 白이
손을 빼면 종국 후에 따낼 黑
돌이 1점이 늘어 1집 손해.

그림 8 黑1, 白2의 교환
은 이와 마찬가지이다.

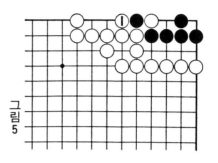

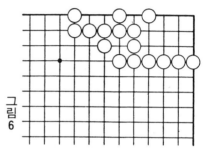

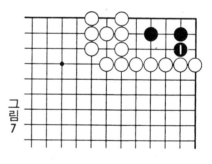

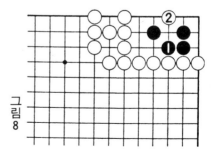

큰 돌도 죽는다

아무리 큰 돌이라고 하더라도 2눈이 없으면 죽는다.

「대마불사」라고 하는 격언이 있는 것처럼 큰 돌은 좀처럼 죽지 않는다. 그러나 아무리 크다고 하더라도 2개의 눈을 만들 가능성이 없으면 결국은 죽는다.

중앙의 黑돌은 49점이나 되지만 죽었다는 것을 확인하여 주기 바란다.

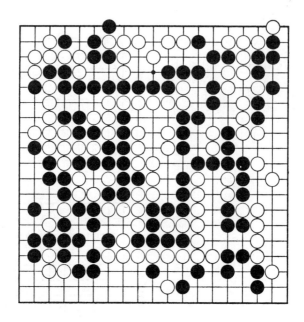

기초 바둑 첫걸음

엮은이   一信·囲碁書籍編纂會
교 열   심   종   식
펴낸이   南   溶
펴낸데   一 信 書 籍 出 版 社

주소 : ①②①-①①⓪ 서울 마포구 신수동 177-3
등록 : 1969. 9. 12. NO. 10-70
전화 : 영업부 703-3001~6
　　　 편집부 703-3007~8
　　　 FAX 703-3009

값 7,000원